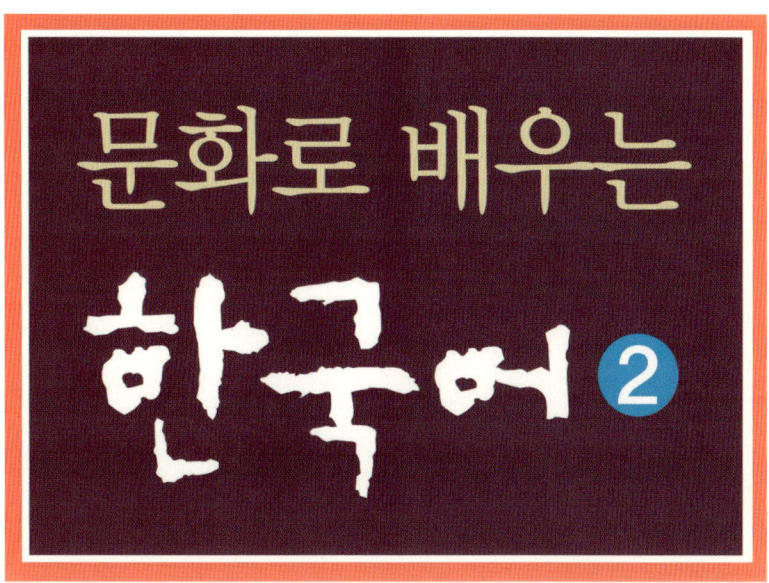

문화로 배우는

한국어 ②

scㅑ 순천향대학교 한국어교육원

보고사

| 집필 | 전성운 (순천향대학교 교수) |
| | 손다정 (순천향대학교 강사) |

사진	손다정, 손병욱
그림	김학민, 손병욱
번역	(영어) 박은희, Grace Yoo (일어) 김건우, 柳井祐子 (중국어) 김향

문화로 배우는
한국어 ❷

초판발행 2008년 1월 30일
2판발행 2009년 4월 17일

집필진 _ ▉sch 순천향대학교 한국어교육원
발행인 _ 김흥국

발행처 _ 도서출판 보고사
주 소 _ 서울시 성북구 보문동 7가 11번지 2층
등 록 _ 6-0429(1990.12)
전 화 _ 922-5120~1(편집부) / 922-2246(영업부)
팩 스 _ 922-6990
메 일 _ kanapub3@chol.com
정 가 _ 14,000원
ISBN _ 978-89-8433-622-3(13710)

www.bogosabooks.co.kr

이 교재는 외국인 유학생 유치촉진을 위해 교육인적자원부와
순천향대학교의 예산으로 개발되었음.

머리말

　문화를 구성하는 핵심적 요소의 하나는 언어다. 새로운 언어를 배운다는 것은 새로운 문화를 습득하는 것이다. 외국어로서 한국어를 학습하는 경우도 예외는 아니다. 한국어 학습은 한국의 문화와 언어를 함께 배우는 과정이다. 이런 점에서 문화와 언어 학습을 분리해서 생각할 수 없다. 결국 언어와 문화를 어떤 방식으로 결합하여 교육하고 학습할 것인가 하는 점이 중요하다.

　이 책은 위와 같은 전제를 실현하기 위한 의도로 편찬되었다. 문화 현장과 언어의 적절한 결합을 꾀하고자 했다. 이를 위해 다음 두 가지 측면을 적극 고려했다. 첫째, 문화 교육은 그 실제 삶에 대한 이해를 기본 전제로 삼아야 한다. 실제 삶과 이격(離隔)된 문화 교육은 공허하다. 기호적 기억으로만 존재하는 문화 교육은 실효성이 없는 관념적 유희에 불과하다. 외국인 학습자를 대상으로 한 문화 교육이라고 하면 으레 전통 문화 교육만을 생각하기 일쑤다. 그러나 외국인 학습자가 요구하는 한국 문화와 언어는 전통 문화의 영역에만 머물지 않는다. 오히려 현재적이고 실제적인 문화 현장에 대한 학습 요구가 더 많다. 이 책은 전통 문화 영역을 대폭 축소하였다. 그리고 외국인 학습자가 경험하게 되는 삶의 현장을 중심에 배치하였다. 현재적인 시점에서 경험할 수 있는 삶의 현장을 중심으로 문화 교육과 한국어 교육을 일치시키려 했다.

　둘째, 문화와 언어 교육은 그 현장을 떠난 추상적인 것 일 수 없다. 실제로 체험하고 활동할 수 있어야 한다. 물론 언어 교육을 삶과 완전하게 일치시켜 진행할 수는 없다. 그러나 이 둘을 최대한 밀착시킬 필요는 있다. 문화 교재를 편찬함에 있어 추상적 텍스트 교육에만 머물지 않도록 해야 한다. 이런 점에서 이 책은 궁극적으로 강의실을 벗어난 문화 현장을 지향한다. 외국인 학습자가 한국 문화와 한국어를 유쾌한 활동을 통해서 학습할 수 있어야 한다. 이 책이 현장 활동을 위한 안내를 제시한 것도 이와 같은 점을 고려한 때문이다. 요컨대 이 책은 외국인 학습자가 한국에서 경험할 수 있는 문화 현장과 그곳에서 사용되는 한국어를 실제 활동을 통해 학습할 수 있도록 구성하였다.

　책을 엮는 것은 어느 모로 보나 쉽지 않은 일이다. 이 책을 엮는 데도 많은 분들께 폐를 끼쳤다. 일일이 고마움을 표하기 힘들 정도다. 이 책은 교육인적자원부가 지원하는 한국어 연수 프로그램 지원 사업 덕분에 탄생할 수 있었다. 이에 도움을 준 교육인적자원부와 순천향대학교 당국에 감사드린다. 특히 서교일 총장님, 국제교류본부 이춘세 본부장님 그리고 편찬과 관련한 제반 사항을 하나하나 챙겨주신 국제교류본부 박일 팀장님, 이남지 선생님을 비롯한 여러 선생님들께 감사드린다. 또한 그림과 사진이 많아 편집에 애를 태우셨을 황효은 선생님과 어려운 책의 출판을 흔쾌히 맡아주신 보고사의 김흥국 사장님께도 감사를 드린다.

2008년 1월 편찬자 씀.

01 목적과 특징

이 교재는 한국어 학습자가 한국 문화의 이해를 통해 한국어를 사용하는 실제 문화 현장에서 더욱 적절하고 유창한 의사소통을 할 수 있게 하는 데에 목적이 있습니다.

이 교재는 학습 후 문화 현장에서의 실제 체험을 지향합니다. 그래서 문화적 체험이 가능한 현장을 먼저 선정하고 그 문화 현장의 이해와 체험을 위한 선행학습이 이루어지도록 어휘와 표현을 선정하여 구성하였습니다. 여기서 문화 현장은 전통 문화뿐만 아니라 한국에서 만날 수 있는 모든 현장을 아우르는 것으로 한국어와 한국 문화를 더 잘 이해할 필요가 있고 직접 체험이 가능한지의 여부를 중심으로 선정되었습니다. 어휘와 표현 역시 실제성이 높고 실제 현장에서 활용도가 높은 것 위주로 선정된 것입니다. 기존의 한국어 교재에서 많이 다루지 않았지만 학습자들이 요구하고 꼭 필요로 하는 문화 현장과 그 문화 현장에서 사용할 수 있는 어휘와 표현을 담으려고 했습니다. 또 정규 과정의 학습 내용과 겹치지 않으면서 교재의 학습 목적을 흐리지 않도록 문법 설명은 배제하고 문화 현장에서 사용하는 표현을 그대로 제시하였습니다. 표현을 분절 단위가 아닌 덩어리로 상황과 함께 제시하여 현장에서 사용되는 의미 그대로 바로 사용할 수 있습니다.

02 교재의 구성

이 교재는 2급과 3급(TOPIK 기준) 한국어 학습자를 대상으로 하여 구성하였습니다. 문화 체험 내용에 따라서 교재와 단원을 선택하여 학습할 수 있습니다.

한 단원은 최소 5시간의 학습 시간을 요구합니다. 도입과 본문, 어휘와 표현 학습에 3시간, 과제, 실제 체험 계획 세우기와 체험 내용 발표 등에 2시간 정도가 소요됩니다.

보통 10주로 구성되는 한국어 정규 과정에서는 특별 과정이나 선택 과목으로 1주에 한 단원을 학습한 후, 주말에 가이드북을 활용하여 실제 문화 현장에서 학습 내용을 확인하고 체험하게 교육 과정을 설계할 수 있습니다. 각 권의 11~12과는 1~10과까지의 문화 현장을 종합하여 체험할 수 있는 현장으로 구성하였으므로 각 기관과 과정의 목적에 맞게 단체 여행이나 견학 등으로 활용하면 됩니다.

1권은 현대의 일상 생활 문화(주거, 음식, 복식, 목욕 문화)와 전통 문화(주거, 궁중, 유형, 무형, 정신 문화) 현장을 담고 있습니다. 한국의 현대 문화와 전통 문화를 대비해 학습의 효과를 높일 수 있습니다. 이를 종합하여 학습자들이 스스로 계획을 세워 여행을 할 수 있는 문화 현장(대도시, 역사 도시)을 덧붙여 주제의 일관성을 유지하면서도 점진적인 학습이 될 수 있도록 하였습니다. 2권에서는 특별한 날(생일, 혼례, 상례, 공휴일, 명절)과 여가 문화(쇼핑, 영화, 공연, 요리, 운동) 현장을 다루었습니다. 한국의 공휴일을 비롯한 특별한 날을 이해하고 또 즐길 수 있게 될 것입니다. 1권과 마찬가지로 주제의 일관성을 고려해 종합적인 체험이 가능한 현장(휴가지, 관광지)을 더불어 제안했습니다.

1권이 문화 현장에서 학습자들이 한국인과 함께 체험하면서 한국 문화를 이해하고 즐길 수 있게 한다면 2권은 학습자들이 체험의 주체가 되어야 하는 문화 현장으로 구성되었습니다.

03 단원의 구성

1) 시작

한 단원은 제목과 사진으로 시작합니다. 학습자들이 제목과 사진을 보고 무엇을 공부할 지를 예측하게 합니다. 이 단원을 마친 후에 무엇을 할 수 있을지, 무엇에 도움이 되는지를 설명해 학습자들의 학습 동기를 높일 수 있습니다. 본격적으로 단원을 시작하기 전에 '함께 이야기해요'를 가지고 이야기하면서 학습자 스스로 단원의 학습 필요성을 알게 하고 전개 방향을 짐작하게 합니다.

2) 함께 읽어요 / 단어를 공부해요

'함께 읽어요'는 단원의 목표 대화로 학습 후 현장에서 그대로 활용할 수 있습니다. 이 목표 대화에서 제시된 표현과 주고받는 문화적 행위를 단원의 본격적 학습을 통해 완전히 이해할 수 있습니다. 그러므로 단원의 도입에서 '함께 읽어요'를 함께 읽으면서 학습자들이 알고 있는 것과 모르고 있는 것을 확인하게 하여 학습 동기를 높이

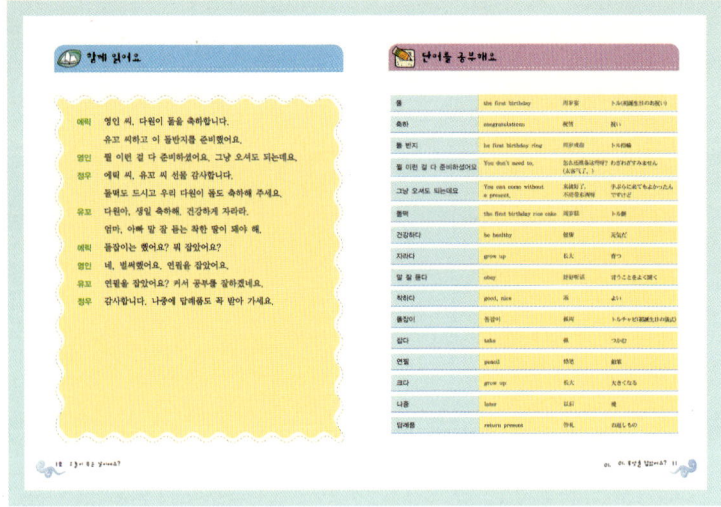

고, 단원의 학습을 마친 후 그 문화적 배경까지 이해하게 되면 역할극 등을 통해 실제 사용으로 전이될 수 있게 합니다.

'함께 읽어요'의 새로운 어휘와 표현을 영어, 중국어, 일본어 번역과 함께 '단어를 공부해요'로 제시하였습니다. 문자 상으로 동일한 의미가 아니더라도 각 언어권에서 동일한 문화적 의미를 가지고 사용되는 것이 있다면 최대한 살려 번역하였습니다.

3) 무엇일까요?

본격적으로 단원을 학습할 준비를 합니다. 주제별로 포함될 수 있는 내용은 무궁무진하지만 그 중 특히 무엇에 초점을 맞추어 학습할지를 알 수 있습니다.

4) 한국 문화를 알아요

3가지 주제를 어휘와 표현을 통해 학습하며 문화를 이해할 수 있게 구성하였습니다. 주제별로 먼저 제시한 질문에 답하고 사진과 설명을 읽은 후에 어휘를 선택하게 합니다. 그 후에 이 어휘와 표현을 가지고 이야기할 수 있는 기회를 주었습니다. 3가지의 주제 중 특히 마지막 주제는 단원이 지향하는 문화 현장에서 사용하는 표현을 제시해 상황별로 선택해 사용할 수 있는 연습을 제공합

니다. 알맞은 어휘와 표현을 학습자가 먼저 선정하게 한 후에 이유를 설명하게 하고 정답을 알려 주어야 학습 효과를 높일 수 있을 뿐만 아니라 한국인의 입장이 되어 한국 문화를 이해할 기회를 가지게 됩니다.

주제별로 읽기 텍스트가 포함된 경우가 있는데, 이는 한국 문화의 특징을 보다 깊이 이해할 수 있는 내용으로 문제와 함께 제시했습니다. 주제별 학습에서 말하기와 듣기, 쓰기 연습 위주로 된 것을 보완하는 부분이기도 합니다.

5) 한국 문화를 즐겨요

앞서 학습한 한국 문화 현장의 특징을 함께 학습한 어휘와 표현을 활용한 과제입니다. 첫 번째 과제는 여러 나라의 문화를 비교해 보며 문화의 차이가 존재한다는 것과 그 차이를 이해할 수 있게 구성했습니다. 두 번째 혹은 세 번째 과제까지는 학습한 문화 주제들을 말하기/읽기/쓰기의 기능을 골고루 사용해 활용할 수 있도록 했으며, 교실에서 뿐만이 아니라, 한국 친구들로부터, 인터넷으로부터, 방송으로부터 등의 다양한 매체를 활용하여 수행하게 했습니다. 마지막 과제는 단원의 목표 문화 현장에 나가기 위한 준비를 하게 하는 것으로 학습 내용을 교실에서 그치게 하는 것이 아니라 현장에서 활용할 기회를 만들어 줄 것입니다.

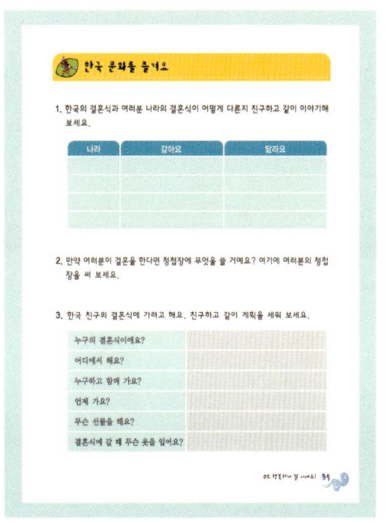

6) 가이드북

단원의 마지막 과제에서 세운 계획을 가지고 직접 문화 현장에 나갈 때 활용할 수 있게 만들었습니다. '체험 전 – 체험 – 체험 후'의 과정 중심으로 구성하였고, 문화 현장을 직접 선택하기 어려운 학습자들을 위해 체험할 장소를 안내하였습니다. 문화 현장에서 체험해야 할 구체적인 활동을 제시해 학습자의 혼란을 줄이면서 목표를 달성할 수 있게 했습니다. 이를 활용해 다음 수업 시간에 발표를 하게 할 수도 있고 다른 기능과 연계 과제를 제시할 수도 있을 것입니다. 목표와 상황에 따라 다양하게 활용할 수 있습니다.

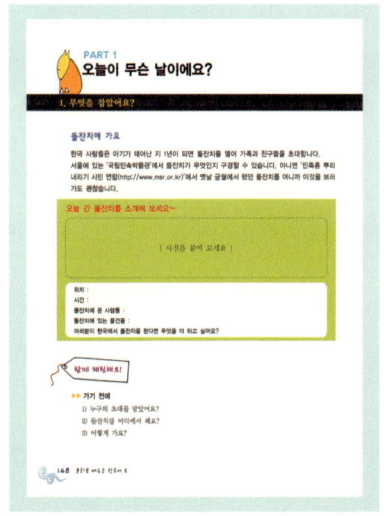

목차

CONTENTS

PART 1

특별한 날
오늘이 무슨 날이에요?

01 무엇을 잡았어요?

학습 목표
한국의 생일 문화를 이해할 수 있습니다.
생일을 축하할 수 있습니다.

 함께 이야기해요!

→ 여러분의 생일은 언제예요?

→ 여러분의 나라에서 생일에 무엇을 해요?

에릭	영인 씨, 다원이 돌을 축하합니다.
	유꼬 씨하고 이 돌 반지를 준비했어요.
영인	뭘 이런 걸 다 준비하셨어요. 그냥 오셔도 되는데요.
정우	에릭 씨, 유꼬 씨 선물 감사합니다.
	돌떡도 드시고 우리 다원이 돌도 축하해 주세요.
유꼬	다원아, 생일 축하해. 건강하게 자라라.
	엄마, 아빠 말 잘 듣는 착한 딸이 돼야 해.
에릭	돌잡이는 했어요? 뭐 잡았어요?
영인	네, 벌써 했어요. 연필을 잡았어요.
유꼬	연필을 잡았어요? 커서 공부를 잘하겠네요.
정우	감사합니다. 나중에 답례품도 꼭 받아 가세요.

돌	the first birthday	周岁宴	トル(初誕生日のお祝い)
축하	congratulations	祝贺	祝い
돌 반지	the ring for the first birthday	周岁戒指	トル指輪
뭘 이런 걸 다 준비하셨어요	You shouldn't have. (Thank you)	怎么还准备这些呀?（太客气了。）	わざわざすみません（ありがとうございます）
그냥 오셔도 되는데요	You can come without a present.	来就好了，不用带东西呀	手ぶらに来てもよかったんですけど
돌떡	the rice cake for the first birthday	周岁糕	トル餅
건강하다	to be healthy	健康	元気だ
자라다	to grow up	长大	育つ
말 잘 듣다	to be good	好好听话	言うことをよく聞く
착하다	to be good	乖	よい
돌잡이	a ritual in which the child is given a choice of various object for future job.	抓周	トルチャビ(初誕生日の儀式)
잡다	to take	抓	つかむ
연필	pencil	铅笔	鉛筆
크다	to grow up	长大	大きくなる
나중	later	以后	後
답례품	thank you present	答礼	お返し

❶ 미역국 먹었어요?

☞ 친구가 '아침에 미역국 먹었어?'라고 물어요. 오늘이 무슨 날일까요?

....

☞ 다음은 생일에 먹는 음식이에요. 설명을 읽고 알맞은 단어를 찾아서 쓰세요.

미역국	팥밥

① 빨간 팥이 행운을 지켜준다고 믿었어요. 그래서 생일에 이 음식을 먹어요.

② 아기를 낳은 산모가 먹어요. 산모의 건강에 좋은 음식이기 때문이에요. 우리도 생일마다 먹어요.

☞ 여러분은 생일에 무엇을 하고 싶은지 이야기해 보세요.

....

❷ 특별한 생일이 있어요.

1) 특별한 생일

☞ 언제가 특별한 생일일까요?

....

☞ 다음은 한국에서 특별한 생일이에요. 설명을 읽고 알맞은 단어를 찾아서 쓰세요.

돌	환갑

① 태어난 지 1년이 되었어요. 아기의 부모님은 뷔페나 호텔에서 돌잔치를 열어 아기의 생일을 축하해요.

② 태어난 지 60년이 되는 생일이에요. 70세, 80세 생신에도 가족과 친척, 친구들이 모여 칠순, 팔순 잔치를 해요.

☞ 돌과 환갑이 왜 특별한 생일인지 이야기해 보세요.

....

....

2) 돌

☞ 언제가 돌이에요?

....

☞ 오늘은 아기의 돌이에요. 사진을 보고 질문에 답하세요.

(1) 아기의 돌에 무엇을 해요?

....

(2) 아기에게 무엇을 선물해요?

....

(3) 아기에게 무슨 이야기를 해요?

....

(4) 무슨 음식을 먹어요?

....

돌

돌은 첫 번째 생일입니다. 아기가 태어난 지 1년이 되는 날입니다.

아기의 부모님은 가족과 친척, 부모님의 친구들을 초대해 돌잔치를 합니다. 주로 뷔페나 호텔에서 돌잔치를 열어 함께 돌떡과 음식을 먹습니다. 돌 선물로 보통 금반지를 아기에게 주지만 요즘은 돈으로 주기도 합니다. 손님도 답례품을 받습니다. 수건이나 화분, 떡을 답례품으로 손님에게 선물합니다.

돌잔치에서 돌잡이를 해 아기의 미래를 예측해 보기도 합니다. 연필, 실, 돈 등을 준비해 아기에게 그중 하나를 잡게 합니다. 아기가 잡는 물건을 보고 아이의 미래를 상상합니다.

✏️ **잘 읽고 빈칸에 알맞은 말을 쓰세요.**

1. 돌에 아기의 생일을 축하하기 위해 손님들을 초대해서 _____ 을/를 합니다.

2. 돌잔치에 온 손님들에게 아기의 부모님이

   수건이나 화분을 _____ (으)로 선물합니다.

3. 돌잔치에서 _____ 을/를 해서 아기의 미래를 예측해 봅니다.

 **커서 어떤 사람이 돼요?**

돌잡이

○ 돌잔치에서 돌잡이를 해서 아기의 미래를 예측해 봅니다. 커서
   어떤 사람이 될지 설명을 읽고 알맞은 단어를 찾아서 쓰세요.

연필	실	돈

① 공부를 잘해요 : _____

② 오래 살아요 : _____

③ 부자가 돼요 : _____

여러분이 돌잔치를 한다면 돌잡이에 무슨 물건을 준비할 거예요?
그 물건을 잡으면 아기가 커서 어떤 사람이 되나요?

1. ....

2. ....

3. ....

❸ 생일 축하해요!

☞ 오늘이 친구의 생일이라면 어떻게 축하할 거예요?

....

....

☞ 다음은 생일을 축하할 때 하는 말이에요. 알맞은 말을 찾아서 쓰세요.

생일 축하해요.   오래오래 사세요.
만수무강하세요.   건강하게 자라라.
착한 아이가 되어라.   생신을 축하드립니다.
즐거운 하루 보내세요.   _____

☛ 함께 생일 축하 노래를 부르고 친구의 생일을 축하해 보세요.

생일 축하 노래

풀잎 동요마을

외국 곡

생일 축하합니다 생일 축하합니다 사랑 하는 당신의 생일 축하합니다

한국 문화를 즐겨요

1. 여러분 나라의 특별한 생일에 무엇을 하는지 친구하고 이야기해 보세요.

나라	어떤 생일이 있어요?	무엇을 해요?
한국	돌	돌잔치, 돌잡이

2. 오늘이 친구의 생일이라서 선물과 함께 카드를 주려고 해요. 생일 축하 카드를
써 보세요.

3. 오늘 친구의 생일 파티를 하려고 해요. 친구하고 같이 계획을 세워 보세요.

누구의 생일이에요?	
어디에서 생일 파티를 해요?	
몇 시에 생일 파티를 해요?	
무엇을 선물해요?	
무엇을 준비해요?	
무엇을 먹어요?	

02 행복하게 잘 사세요!

학습 목표
한국의 결혼 문화를 이해할 수 있습니다.
결혼을 축하할 수 있습니다.

 함께 이야기해요!

→ 여러분 나라의 결혼식에서 무엇을 해요?

→ 한국 친구의 결혼식에 가 봤어요?

청첩장

두 사람이 사랑으로 만난 지 3년이 되었습니다.

그리고 드디어 하나가 될 뜻 깊은 날을 맞게 되었습니다.

봄꽃 향기 속에서 여러 어른과 친척 분들을 모시고

또 하나의 새로운 인생을 시작하려고 합니다.

바쁘시더라도 꼭 오셔서

결혼의 첫걸음을 힘차게 내디딜 수 있도록

축복과 격려를 해 주시면 소중하게 간직하겠습니다.

손 종 식
정 영 숙 의 차남 병 욱

박 철 희
엄 현 순 의 장녀 은 정

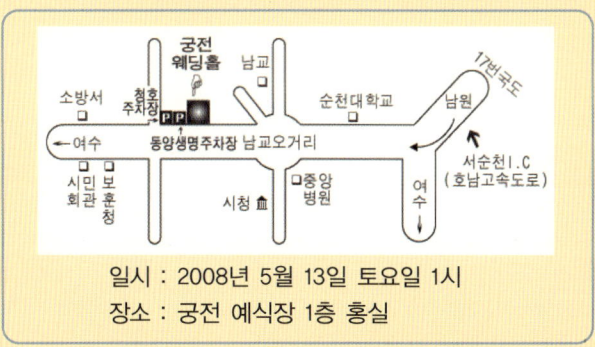

일시 : 2008년 5월 13일 토요일 1시
장소 : 궁전 예식장 1층 홍실

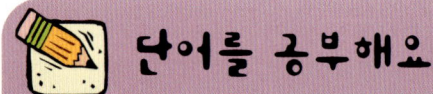
청첩장	a wedding invitation card	喜帖	(結婚の)招待状
뜻 깊다	to be meaningful	深意义	意味深い
날	day	日子	日
맞다	to greet	迎	向かえる
향기	scent	香气, 香味	香り
어른	senior, elder	长辈	年長
친척	relative	亲戚	親戚
모시다	to invite	邀请	招く
인생	life	人生	人生
바쁘다	to be busy	忙	忙しい
첫걸음	first step	第一步	第一歩
힘차다	to be vigorous	奋力	力強い
내딛다	to start	迈出	踏み出す
축복	blessing	祝福	祝福
격려	encouragement	鼓励	激励
소중하다	to be precious	宝贵	大切だ
간직하다	to keep in mind	铭记	留める
차남	second son	次子	次男
장녀	first daughter	长女	長女
예식장	wedding hall	礼堂	礼式場

한국 문화를 알아요

❶ 결혼식이에요.

☞ 한국 사람들은 어디에서 결혼식을 해요?

. . . .

☞ 다음은 결혼식의 종류예요. 설명을 읽고 알맞은 단어를 찾아서 쓰세요.

> 결혼식   전통혼례

①

옛날에는 신부의 집 마당에서 한복을 입고 결혼식을 했어요. 지금은 '민속촌'이나 '한국의 집' 등에서 이런 결혼식을 볼 수 있어요.

신랑과 신부는 음식과 술이 있는 상을 사이에 두고 서로 절하고 술을 나눠 마셔요. 사이좋은 부부를 뜻하는 기러기도 필요해요.

이 결혼식은 보통 2-3시간 정도 걸려요. 결혼식만 1시간이 넘고 결혼식 후에도 하객들과 함께 어울려 즐기는 시간이 있어요.

②

요즘은 대부분 예식장이나 호텔 등에서 턱시도와 웨딩드레스를 입고 해요.

신랑과 신부가 차례대로 입장하고 주례 선생님이 신랑과 신부에게 결혼생활에 대해 좋은 이야기를 해 주세요. 이것은 보통 30분 정도로 짧게 해요. 식사하는 시간까지도 1시간 정도밖에 안 걸리지요. 신랑 신부에게 축하 인사를 하려면 조금 일찍가는 것이 좋아요.

☞ 요즘의 결혼식과 전통 혼례가 어떻게 다른지 이야기해 보세요.

 ## 결혼식에서 무슨 음식을 먹어요?

국수

국수는 환갑 잔치, 결혼식 등에서 하객들에게 대접하는 음식으로 유명합니다. 국수는 면의 길이가 긴 음식으로 '장수'의 의미를 가지고 있습니다. 신랑과 신부가 오래오래 서로 사랑하며 살기를 바라는 마음으로 결혼식 날에 국수를 먹습니다. 그래서 '언제 결혼할 거예요?'라는 뜻으로 '국수 언제 먹여줄 거예요?'라고 묻기도 합니다.

요즘은 결혼식에서 국수보다 갈비탕이나 뷔페를 더 많이 대접합니다. 예식장이나 예식장 근처의 정해진 장소에서 음식을 먹고 있으면 결혼식을 마친 신랑 신부가 와서 인사를 합니다.

잘 읽고 질문에 답하세요.

1. 결혼식과 환갑 잔치에서 하객들에게 대접하는 음식으로 무엇이 유명합니까?

....

2. 결혼식에 이 음식을 대접하는 이유는 무엇입니까?

....

3. '국수 언제 먹여줄 거예요?'는 무슨 뜻입니까?

....

❷ 결혼식에 가요.

1) 결혼식에 가면 있어요.

☞ 결혼식에 가면 무엇이 있을까요?

☞ 다음은 결혼식에 가면 있는 것들이에요. 설명을 읽고 알맞은 단어를 찾아서 쓰세요.

> 신랑   주례   신부대기실   사회   신부   하객   부모님   웨딩홀

② 하얀색 웨딩드레스를 입고 면사포를 써요.

③ 신랑 신부에게 좋은 말씀을 해주시는 분으로 주로 신랑 신부의 선생님이나 평소 존경하는 분이세요.

④ 턱시도를 입어요.

① 결혼식을 진행하는 사람으로 보통 신랑의 친구예요.

⑤ 신랑 신부를 키워주신 분들이에요. 웨딩홀 제일 앞에 앉아 계세요.

⑥ 결혼식을 하는 예식장과 호텔에 있어요.

⑦ 결혼을 축하해 주러 온 손님이에요. 신랑의 손님과 신부의 손님이 따로 앉아요.

⑧ 결혼식 전까지 신부가 있는 장소예요. 결혼식 후에는 따로 인사하기 어렵기 때문에 하객들은 결혼식 전에 여기에 가서 신부에게 축하 인사를 하고 사진도 찍어요. 신랑은 대기실이 없고 웨딩홀 입구에 서서 하객들께 인사해요.

☞ 결혼식에 가면 제일 먼저 어디에 가야 할까요?

 **결혼식에 초대해요.**

청첩장

결혼식 날짜가 정해지면 신랑 신부는 친척과 친구들에게 결혼식에 초대하는 청첩장을 보냅니다. 청첩장은 보통 하얀색이고 초대하는 글과 날짜, 결혼식 장소 등이 적혀 있습니다. 한국에서 결혼은 신랑 신부 두 사람뿐만 아니라 가족과 가족의 만남으로 생각하기 때문에 부모님의 이름도 꼭 함께 들어 있습니다. 그리고 청첩장을 보면 신랑 신부가 첫째인지 둘째인지 막내인지도 알 수 있습니다.

청첩장에 있는 약도와 찾아가는 방법을 보고 예식장으로 가서 두 사람의 결혼을 축복해 주세요.

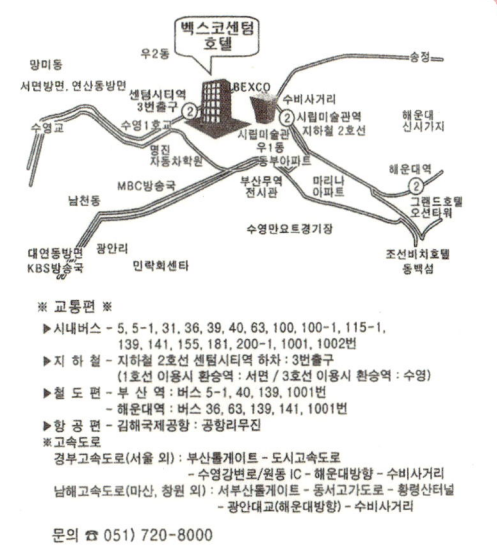

가장 낮은 사랑이 가장 깊은 사랑이라고 합니다.
받아서 채우는 사랑이 아닌 주면서 채우는 사랑이
진정한 사랑이라고 믿는 두 사람이 만나
영원히 함께 하기로 했습니다.
새 인생의 첫 발을 내딛는 자리에 참석하시어 축복해 주시고
이 진실한 약속의 소중한 증인이 되어 주십시오.

김 인 진   의 차남   기 준
홍 훈 자

신 상 우   의 장녀   은 주
서 효 숙

· 일 시 : 2007년 10월 27일(음 9. 17) 토요일 오후 1시
· 장 소 : 벡스코센텀호텔(벡스코 맞은편) 4층 헤라홀

※ 교통편
▶ 시내버스 - 5, 5-1, 31, 36, 39, 40, 63, 100, 100-1, 115-1,
  139, 141, 155, 181, 200-1, 1001, 1002번
▶ 지 하 철 - 지하철 2호선 센텀시티역 하차 : 3번출구
  (1호선 이용시 환승역 : 서면 / 3호선 이용시 환승역 : 수영)
▶ 철 도 편 - 부 산 역 : 버스 5-1, 40, 139, 1001번
  - 해운대역 : 버스 36, 63, 139, 141, 1001번
▶ 항 공 편 - 김해국제공항 : 공항리무진
▶ 고속도로
  경부고속도로(서울 외) : 부산톨게이트 - 도시고속도로
      - 수영강변로/원동 IC - 해운대방향 - 수비사거리
  남해고속도로(마산, 창원 외) : 서부산톨게이트 - 동서고가도로 - 황령산터널
      - 광안대교(해운대방향) - 수비사거리

문의 ☎ 051) 720-8000

 다음의 청첩장을 보고 질문에 답하세요.

1. 초대하는 글은 무슨 내용입니까?

2. 신랑 신부의 이름을 찾아서 성과 이름을 함께 쓰세요.

3. 결혼식을 하는 장소와 시간을 쓰세요.

2) 결혼식을 해요.

☞ 결혼식에서 무엇을 할까요?

☞ 다음은 결혼식에서 하는 것이에요. 설명을 읽고 알맞은 단어를 찾아서 쓰세요.

촛불 점화	기념 촬영	신랑 신부 행진	폐백
신랑 신부 인사	축가	혼인 서약/성혼 선언	신랑 신부 입장
주례 말씀	신혼여행	신랑 신부 맞절	

①

신랑 신부의 어머니가 함께 입장해 웨딩홀 앞에 있는 촛불을 켜요. 이제 결혼식이 시작 돼요.

②

신랑이 먼저 입장해요. 그리고 나서 신부가 신부의 아버지와 함께 입장해요. 신랑이 신부의 아버지께 인사드리고 신부와 함께 웨딩홀 앞에 나란히 서요.

③

신랑 신부가 서로 마주 보고 서로에게 인사해요.

④

'검은 머리가 파뿌리가 될 때까지' 서로 사랑하겠다고 약속해요.

그러면 주례 선생님이 결혼이 이루어졌다고 말씀하세요.

⑤

주례 선생님이 결혼하는 두 사람에게 필요한 좋은 말씀을 해 주세요

⑥	⑦	⑧

신랑 신부가 함께 서로의 부모님과 하객들께 인사를 해요. 보통 신랑은 절을 해요.

신랑 신부의 친구나 친척들이 결혼을 축하하기 위해 축가를 부르거나 악기를 연주해요.

이제 부부가 된 신랑 신부가 하객의 축하를 받으며 웨딩홀 입구까지 걸어요.

⑨	⑩	⑪

결혼을 기념하는 사진을 찍어요. 먼저 신랑 신부가 찍고 다음으로 가족들과 함께 찍어요. 그리고 나서 친척들과 단체 사진을 찍고 지인(직장동료, 친구)들과도 찍어요. 친구들과 같이 사진을 찍을 때 부케를 던져요.

결혼식 후에, 전통 혼례에서 입는 한복을 입고 신랑의 가족에게 인사해요. 신랑의 부모님과 친척들에게 절을 하고 덕담을 들어요. 요즘은 신부의 부모님께도 해요.

이제 막 결혼해 신혼 부부가 된 신랑 신부가 여행을 떠나요. 예쁘게 장식한 웨딩카를 타고 가요.

☞ 한국의 결혼식을 순서대로 써 보세요.

....

....

신랑 신부에게 무슨 선물을 해요?

축의금

축하하기 위한 돈을 축의금이라고 합니다. 한국 사람들은 친척이나 친구의 결혼을 축하하려고 결혼식에 가서 축의금을 냅니다. 보통 3~5만원 정도의 돈을 흰 봉투에 넣고 봉투에 이름을 써서 웨딩홀 입구에서 냅니다. 신랑과 신부의 축의금을 받는 곳이 따로 있으니까 꼭 확인해야 합니다. 3, 5, 7의 홀수로 축의금을 주는 것이 보통입니다.

아주 친한 친구들이나 학교 친구들은 축의금 대신 함께 돈을 모아서 가전 제품 등을 선물하기도 합니다.

신랑 신부가 다니는 회사나 학교에서는 화환을 선물해 웨딩홀 입구에 세워 둡니다. 여러 가지 색깔의 꽃을 화려하게 꽂아 웨딩홀을 장식합니다.

📝 잘 읽고 위의 글과 같으면 O, 다르면 ✕ 하세요.

1. 축하하기 위해 주는 돈을 축의금이라고 합니다.(　　)

2. 흰 봉투에 이름을 써서 축의금을 넣고 웨딩홀 입구에서 축의금을 받는 사람에게 냅니다.(　　)

3. 2, 4, 6만원같이 짝수로 주는 것이 좋습니다.(　　)

❸ 결혼을 축하해요.

☞ 친구가 결혼을 하면 어떻게 축하할 거예요?

....

☞ 다음은 한국 사람들이 결혼하는 친구에게 많이 하는 이야기예요. 알맞은 말을 찾아서 쓰세요.

> 행복하게 잘 사세요.　　　　　어떻게 만났어요?
>
> 신혼여행은 어디로 가요?　　　결혼을 축하해요.
>
> _____　　_____

☞ 친구가 결혼을 해요. 위에서 배운 표현을 이용해 친구하고 같이 이야기해 보세요.

....

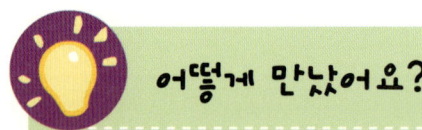
연애와 중매

결혼식에 가면 '어떻게 만났어요?', '어떻게 결혼하게 되었어요?'라는 질문을 많이 합니다. 그러면 연애결혼이나 중매결혼을 했다고 대답합니다.

친구나 평소에 아는 사람 중에서 좋아하는 사람이 생겨서 사귀는 것을 연애라고 합니다. 연애 후에 결혼하게 된 것이 바로 연애결혼입니다.

원래 아는 사람은 아니었지만 주변 사람들이 소개해 주어서 남자친구나 여자친구가 되는 경우도 있습니다. 이것을 소개팅이나 맞선이라고 합니다. 소개팅을 '하다'라고 하지만 맞선은 '보다'라고 합니다. 소개팅이나 맞선을 해 주는 것이 중매인데 중매를 통해 결혼하게 되면 중매결혼한다고 합니다.

📝 **빈칸에 알맞은 말을 쓰세요.**

1. 좋아하는 사람과 서로 사귀는 것을 _____(이)라고 합니다.

2. 소개팅은 하지만 맞선은 _____.

3. 소개팅이나 맞선으로 남자친구나 여자친구가 될 사람을 소개해 주는 것을 _____(이)라고 합니다.

1. 한국의 결혼식과 여러분 나라의 결혼식이 어떻게 다른지 친구하고 같이 이야기해 보세요.

나라	같아요	달라요

2. 만약 여러분이 결혼을 한다면 청첩장에 무엇을 쓸 거예요? 여기에 여러분의 청첩 장을 써 보세요.

3. 한국 친구의 결혼식에 가려고 해요. 친구하고 같이 계획을 세워 보세요.

누구의 결혼식이에요?	
어디에서 해요?	
누구하고 함께 가요?	
언제 가요?	
무슨 선물을 해요?	
결혼식에 갈 때 무슨 옷을 입어요?	

03 고인의 명복을 빕니다.

> **학습목표**
> 한국의 상례 문화를 이해할 수 있습니다.
> 한국에서 문상을 할 수 있습니다.

 함께 이야기해요!

→ 여러분 나라의 장례식에서 무엇을 해요?

→ 한국의 장례식에 가 봤어요?

에릭   고인의 명복을 빕니다.

유꼬   많이 힘드시지요? 얼굴이 많이 안 되었어요.

영인   와 주셔서 감사합니다.

에릭   발인 때까지 저희가 많이 돕겠습니다.

유꼬   많이 힘드시겠지만 힘을 내세요.

        산 사람이라도 건강하셔야지요.

에릭   이러시다가 쓰러지시겠어요.

영인   발인 때까지 계신다고 하니까 위로가 돼요. 감사합니다.

        저기 가셔서 음식을 좀 드세요.

고인	the deceased	故人	故人
명복	repose of the soul, happiness in the other world	冥福	冥福
빌다	to pray	祈求	祈る
힘들다	to be sad	悲痛, 辛苦, 劳累	大変だ
얼굴이 많이 안 되셨어요	You don't look good.	色不太好	顔色がよくないです
발인	carrying a coffin out of the house	送葬	出棺
돕다	to help	帮	手伝う
–지만	although	虽然…	けど
힘을 내다	to gather one's energies	打起精神, 振作起来	頑張る
산 사람	people who are alive	活着的人	生きている人
–(이)라도	although	…也要	–でも
–다가	while	…下去	–ままでは
쓰러지다	to pass out	病倒	倒れる
위로가 되다	to be relived to	让我觉得很安慰。	慰めになる

한국 문화를 알아요

❶ 장례식에 가면 있어요.

☞ 장례식에 가면 무엇이 있을까요?

_____

☞ 다음은 장례식에 가면 있는 것들이에요. 설명을 읽고 알맞은 단어를 찾아서 쓰세요.

> 장례식장(분향실)　　제단　　향　　문상객　　상주　　영정　　흰국화

② 고인의 사진이에요.

③ 보통 병원에 있어요. 여기에 가서 문상을 해요.

④ 영정과 국화 등을 여기에 올려 두어요.

① 고인의 가족을 위로하러 온 손님들이에요.

⑤ 고인의 가족 중 주로 장남이에요. 장례식장에서 손님을 맞아요.

⑥ 장례식에는 색깔이 있는 꽃이 없어요.

⑦ 불을 붙여 향을 피워요.

☞ 장례식장에 가면 무엇을 보고 인사를 할까요?

_____

3일 동안 문상객을 받아요.

삼일장

한국에서 장례식은 보통 3일 동안 합니다. 이런 장례식을 삼일장이라고 부릅니다. 5일 동안 하는 경우도 있는데 이것은 오일장이라고 합니다. 요즘은 대부분 삼일장을 합니다. 3일 또는 5일 동안 문상객이 장례식장에 가서 고인의 명복을 빌고 남은 가족들을 위로할 수 있습니다.

고인이 돌아가신 지 3일이 지난 후에 삼일장을 마치고 발인을 합니다. 발인이란 고인이 이제 장례식장을 떠나서 장지로 가는 것입니다. 이후에 묘지로 가거나 화장하여 납골당으로 가게 됩니다.

📝 잘 읽고 위의 글과 같으면 O, 다르면 ✕ 하세요.

1. 한국의 장례식은 보통 3일 동안 하는 삼일장입니다.(   )

2. 더 오래 문상객이 갈 수 있는 오일장을 삼일장보다 더 많이 지냅니다.(   )

3. 고인이 장례식장을 떠나는 것이 발인입니다.(   )

❷ 문상을 하러 가요.

☞ 장례식에 가면 무엇을 할까요?

☞ 장례식에 가서 고인의 명복을 빌고 가족을 위로하는 것을 문상이라고 해요. 다음은 문상을 하는 방법이에요.

1. 문상을 하러 갈 때는 검은색 정장을 입어요.
2. 장례식장 입구에서 조의금을 내고 신발을 벗고 장례식장으로 들어가요.
3. 영정 앞에 서서 향에 불을 붙여 향로에 꽂거나 입구에 준비된 국화를 제단 위에 놓아요.
4. 영정을 향해 남자는 2번, 여자는 4번 절해요. 요즘은 남자처럼 2번 하기도 해요. 기독교인은 절하는 대신 영정을 향해 기도해요.
5. 상주와 서로 한번 절해요.
6. 상주에게 위로의 말을 하고, 장례식에 대한 이야기를 묻기도 해요.
7. 음식을 나누어 먹어요. 발인 전까지 밤새도록 문상객이 오기 때문에 함께 있으면서 도와주는 것이 좋아요.

☞ 다음은 문상하는 사진이에요. 사진을 보고 문상하는 순서대로 번호를 쓰고 설명해 보세요.

조의금

문상을 하러 가서 보통 조의금을 냅니다. 조의금은 죽음을 슬퍼하고 가족을 위로하는 의미로 내는 돈으로 부의금이라고도 합니다.

장례식장 입구에 조의금을 내는 곳이 있습니다. 흰 봉투에 이름을 써서 여기에 조의금을 냅니다. 조의금을 내는 곳에 방명록도 있는데 여기에 장례식에 다녀갔다는 의미로 이름을 씁니다.

賻

儀

🖊 빈칸에 알맞은 말을 쓰세요.

1. 장례식에서 고인의 명복을 빌고 가족을 위로하기 위해서

   _____을/를 냅니다.

2. _____에 이름을 써서 장례식장 입구에서 냅니다.

3. 장례식에 다녀갔다는 의미로 _____에 이름을 씁니다.

❸ 위로해요.

☞ 고인의 가족을 어떻게 위로할까요?

....

☞ 다음은 문상을 가서 고인의 가족을 위로하기 위해 많이 하는 이야기예요. 알맞은 말을 찾아서 쓰세요.

> 고인의 명복을 빕니다.   발인은 언제예요?
>
> 장지는 어디예요?   힘을 내세요.
>
> 많이 힘드시지요?   _____

☞ 문상을 하러 가요. 위에서 배운 표현을 사용해서 친구하고 함께 이야기해 보세요.

죽다?!

그림과 알맞은 표현을 선으로 연결하세요.

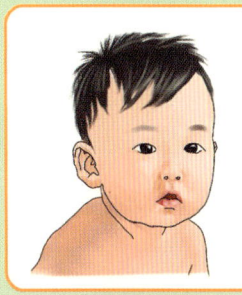

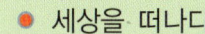

● 돌아가시다

● 잃다

● 세상을 떠나다

● 저세상에 가다

 알맞은 말을 써 보세요.

1. 지난 가을에 할머니가 _____.

2. 3년 전에 아기를 _____.

3. 내가 고등학생 때 친구가 _____.

 **한국 문화를 즐겨요**

1. 한국의 장례식과 여러분 나라의 장례식이 어떻게 다른지 친구하고 같이 이야기해 보세요.

나라	같아요	달라요

2. 아버지가 세상을 떠나신 친구가 있어요. 친구에게 위로의 편지를 써 보세요.

3. 장례식에 가려고 해요. 친구하고 같이 계획을 세워 보세요.

문상을 하러 어디에 가요?	
문상을 하러 언제 가요?	
누구하고 함께 가요?	
무엇을 준비해요?	
무슨 옷을 입어요?	
장례식장에 얼마 동안 있어요?	

04 잘 가르쳐 주셔서 감사합니다.

학습
목표
한국의 특별한 날을 이해할 수 있습니다.
한국의 공휴일을 체험할 수 있습니다.

함께 이야기해요!

→ 여러분의 나라에는 어떤 공휴일이 있어요?

→ 공휴일에 무엇을 해요?

에릭	선생님, 오늘은 스승의 날입니다.
유꼬	저희들을 잘 가르쳐 주셔서 감사합니다.
에릭	저희들의 작은 마음을 모아 선물을 준비했어요.
선생님	선생님은 한 게 없어요. 여러분이 열심히 해 주었어요. 선생님이 여러분에게 고마워요.
유꼬	선생님, 이거 카네이션이에요. 가슴에 다셔야 해요. 제가 달아 드릴게요.
선생님	고마워요. 더 좋은 선생님이 되어야겠어요.
에릭	작은 것 하나하나까지 관심을 가져 주셔서 감사합니다.
유꼬	선생님이 도와주셔서 한국 생활이 더 재미있어요.

스승의 날	Teacher's day	教师节	先生の日
작은 마음을 모아 선물을 준비했어요	This gift is for you from our sincere hearts.	这是我们的一 点小心意	小さな誠意を集めて プレゼントを用意しました
한 게 없어요	I didn't do anything.	我也没有特别 为你们做什么	何もしてません
카네이션	carnation	康乃馨	カーネーション
달다	to put on	戴	小さな
작은 것 하나하나까지	to every details	连细微的地方	こと一つ一つにまで
관심을 가지다	to take good care	关心, 关怀	関心を持つ
도와주다	to help	帮助	助ける
한국 생활	life in Korea	韩国生活	韓国生活

한국 문화를 알아요

❶ 감사하는 분이 있어요.

1) 감사하는 마음을 표현하는 날이에요.

☞ 고마운 사람이 있으면 이야기해 보세요.

....

....

☞ 다음은 선생님과 부모님께 감사하는 마음을 표현하는 날이에요. 달력을 보고 알맞은 단어를 찾아서 쓰세요.

> 스승의 날   어버이날

①

매년 5월 8일로 부모님께 감사하는 날이에요. 가슴에 카네이션을 달아드리면서 감사하는 마음을 표현해요.

②

매년 5월 15일로 선생님께 감사하는 날이에요. 빨간 카네이션을 선물하며 감사의 마음을 전해요.

2) 감사 인사를 해요.

☞ 감사하는 마음을 어떻게 표현해요?

....

☞ 스승의 날과 어버이날에 선생님과 부모님께 감사하는 마음을 이렇게 표현해요. 사진을
보고 질문에 답해 보세요.

부모님께:

선생님께:

(1) 무엇을 하고 있어요?

(2) 어떻게 감사 인사를 드릴지 그림에 써 보세요.

☞ 선생님과 부모님께 감사 인사를 하려고 해요. 위에서 배운 표현을 이용해 친구하고 이야
기해 보세요.

....

 함께 스승의 은혜 노래를 불러 보세요.

❷ 태어난 날을 기념하는 날이에요.

☛ 모든 사람이 기억하는 생일은 누구의 생일이에요?

☛ 다음은 태어난 날을 기념해 쉬는 날이에요. 달력을 보고 알맞은 단어를 찾아서 쓰세요.

성탄절(크리스마스)　　　　　　　　석가탄신일

①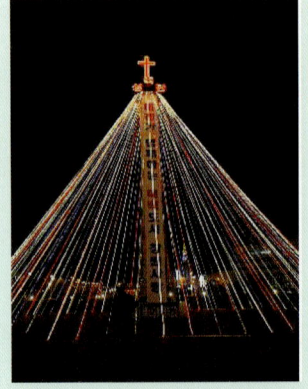

매년 12월 25일로 예수님이 태어나신 날을 기념하는 날이에요. 교회에 모여서 예배를 드리고 크리스마스 카드와 선물을 주고받아요. 크리스마스 트리를 만들고 캐롤을 불러요.

②

매년 음력 4월 8일로 석가모니가 태어나신 날을 기념하는 날이에요. 절에 가서 비빔밥을 나누어 먹고 등에 소원을 적어 거리에 다는 연등행사를 해요.

☛ 여러분은 이 날에 무엇을 하고 싶은지 이야기해 보세요.

----

❸ 또 다른 특별한 날이 있어요.

☞ 한국에 어떤 공휴일이 더 있어요?

. . . .

. . . .

☞ 다음은 한국의 공휴일이에요. 달력을 보고 알맞은 단어를 찾아서 쓰세요.

> 개천절   삼일절   광복절   어린이날   현충일   한글날

① 10월 3일로 대한민국 최초의 국가인 고조선이 만들어진 것을 기념하는 날이에요.

② 10월 9일로 세종대왕이 한글을 만든 것을 기념하는 날이에요.

③ 매년 3월 1일에 1919년 3월 1일에 있었던 독립운동을 기념해요.

④ 8월 15일은 1945년에 한국이 일본으로부터 독립한 것을 기념하는 날이에요.

⑤ 5월 5일은 어린이들을 위한 날로 어린이들은 선물을 받고 즐거운 하루를 보내요.

⑥ 6월 6일은 나라를 위해 싸우다 돌아가신 분들을 기억하는 날이에요.

☞ 여러분은 무슨 날을 더 기억하고 싶은지 이야기해 보세요.

. . . .

14일이 무슨 날이에요?

발렌타인 데이/화이트 데이

매년 2월 14일은 발렌타인 데이, 3월 14일은 화이트 데이입니다. 발렌타인 데이는 여자가 남자에게 사랑을 표현하는 날로, 여자가 좋아하는 남자에게 초콜릿을 선물합니다. 3월 14일은 남자가 여자에게 사랑을 표현하는 날이기 때문에 남자가 좋아하는 여자에게 사탕을 선물합니다. 하지만 꼭 정해진 것은 아닙니다. 사랑은 언제든지 표현할 수 있으니까요. 그렇지요?

잘 읽고 질문에 답하세요.

1. 2월 14일은 무슨 날입니까?

   ....

2. 화이트 데이에 남자가 좋아하는 여자에게 무엇을 선물합니까?

   ....

3. 4월 14일은 블랙 데이라고 합니다. 무슨 날일까요?

   ....

 **한국 문화를 즐겨요**

1. 여러분 나라에는 어떤 특별한 날이 있는지 친구하고 같이 이야기해 보세요.

나라	무슨 날이 있어요?
한국	어버이날, 개천절, 성탄절 …

2. 여러분의 부모님께 고마웠던 일을 친구하고 같이 이야기해 보세요.

언제	무슨 일이 있었어요?

3. 선생님께 감사의 메일을 보내려고 해요. 감사의 메일을 써 보세요.

....

....

....

....

....

....

4. 한글은 만들어진 때와 만든 사람이 분명한 아주 특별한 글자예요. 주변에서 한글로 된 것을 찾아서 사진을 찍어 와 친구들에게 이야기해 주세요.

5. 내일은 한국의 공휴일이에요. 친구하고 같이 계획을 세워 보세요.

무슨 공휴일이에요?	
무엇을 기념하는 날이에요?	
어디에 가고 싶어요?	
왜 그곳에 가요?	
어떻게 가요?	
무엇을 해요?	

05 새해 복 많이 받으세요.

학습 목표
한국의 명절을 이해할 수 있습니다.
한국의 설날과 추석을 체험할 수 있습니다.

🟡 함께 이야기해요!

→ 여러분의 나라에는 무슨 명절이 있어요?

→ 여러분은 새해 첫 날에 무엇을 해요?

| 정우 | 아버지, 어머니! 세배 받으세요. |
| 아버지 | 그래. |

*

정우	새해 복 많이 받으세요.
다니엘	새해 복 많이 받으세요. 새해에는 더 건강하세요.
어머니	그래. 정우랑 다니엘도 새해 복 많이 받고, 하는 일마다 더 잘 되고.
아버지	여기 세뱃돈. 어머니 말씀처럼 새해에는 좋은 일이 더 많아야지.
다니엘	감사합니다.
어머니	그래, 이제 나가서 같이 떡국을 먹을까?
다니엘	떡국을 먹어야 진짜 한 살 더 먹는 거지요?
정우	네, 어떻게 알았어요?

세배	a formal bow of respect to one's elders on New Year's Day	向长辈磕头拜年	セベ(新年の挨拶)
새해 복 많이 받다	Happy New Year!	新年快乐	あけましておめでとう
하는 일마다 더 잘 되다	Good luck with your work	心想事成, 万事如意	全てのことがうまくいく
세뱃돈	a handsel(the New Year's gift of money given to one's seniors)	红包	お年玉
더 좋은 일이 많이 생기다	We wish you all the good things	祝你好运	もっといいことがたくさん起こる
나가다	to go out	出去	出かける
떡국	tteokguk(rice cake soup)	年糕汤	お雑煮(トックック)
한 살 더 먹다	to get(grow) an year older	又长一岁	年を取る
어떻게 알았어요?	How do you know that?	你是怎么知道的?	どうして知っているのですか

무슨 음식이에요?

🍃 한국 문화를 알아요

❶ 명절이에요.

☞ 한국에 무슨 명절이 있어요?

....

☞ 다음은 한국의 명절이에요. 달력을 보고 알맞은 단어를 찾아서 쓰세요.

> 설날   추석

①

음력 1월 1일로 새해 첫날을 기념하는 날이에요. 하루 전날부터 다음날까지 연휴로 회사와 학교 모두 쉬어요.

②

음력 8월 15일로 한 해 동안 길러 새로 나온 곡식과 과일 등으로 조상에게 차례를 지내요. 가을이라서 음식이 풍성하고 3일 동안 연휴로 쉬어요.

☞ 한국에서 2번의 새해 첫날이 있는데 무엇이 다른지 이야기해 보세요.

....

명절이에요.

설날과 추석

설날과 추석은 한국의 중요한 명절입니다. 추석과 설날은 전날부터 다음날까지 3일 동안 쉬는데 이것을 연휴라고 합니다.

설날과 추석에는 가족이 모두 고향에 모입니다. 많은 사람들이 동시에 움직이는 '민족의 대이동'이 일어나기 때문에 시내가 텅 빕니다. 고향으로 가는 기차나 버스의 표를 구하기가 어렵기 때문에 미리 예매해 두어야 합니다.

추석과 설날에는 조상께 차례를 지내고 성묘도 합니다. 오랜만에 뵙는 어른들께 절을 하고 음식을 함께 먹습니다.

명절은 오랜만에 흩어져 살던 가족들이 다 모이는 즐거운 날입니다. 그래서 '더도 말고 한가위만 같아라'라는 말도 있습니다.

📝 **잘 읽고 위의 글과 같으면 O, 다르면 X 하세요.**

1. 명절에는 보통 3일 동안 휴일인데 이것을 연휴라고 합니다.(   )

2. 명절에는 흩어져 있던 가족이 모두 모입니다.(   )

3. '더도 말고 덜도 말고 한가위만 같아라'는 명절이 즐겁지 않다는 뜻입니다.(   )

❷ 설날이에요.

☞ 설날이 언제예요?

....

☞ 다음은 설날에 하는 일이에요. 잘 읽고 아래 그림에 번호를 써 보세요.

1. 가족들이 모두 함께 모여요.
2. 설날 아침에 차례를 지내요.
3. '새해 복 많이 받으세요.'라고 새해 인사를 하며 덕담을 주고 받아요.
4. 어른들께 세배를 드리고 어른들은 아이들에게 세뱃돈을 줘요.
5. 떡국을 먹어요. 떡국을 먹어야 나이를 1살 더 먹는다고 해요.
6. 윷놀이를 해요.
7. 성묘를 해요.
8. 연하장을 보내고 선물도 해요.

①   ②   ③

④   ⑤   ⑥

⑦

⑧

☞ 설날은 새해의 시작이에요. 새해가 되면 무엇을 하고 싶은지 새해 계획을 이야기해 보세요.

같이 윷놀이를 해요.

윷놀이

① 편을 나눠요.

② 차례대로 윷을 던져요. 1개만 뒤집
어지면 도, 2개가 뒤집어지면 개,
순서대로 걸, 윷이에요. 하나도 뒤
집어지지 않으면 모예요.

③ 도는 1칸, 개는 2칸, 걸은 3칸, 윷은 4칸, 모
는 5칸 앞으로 말을 움직여요. 도이지만 윷
의 뒷면에 그림이 그려져 있으면 뒤로 1칸 움
직여요.

④ 처음 출발한 점에 먼저 도착한 편이 이겨요.

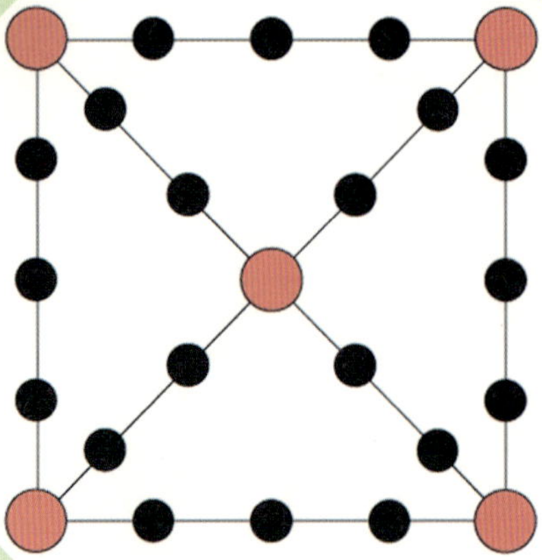

친구들과 편을 나눠서 윷놀이를 해 보세요.

❸ 추석이에요.

☞ 추석은 한가위라고도 해요. 추석이 언제예요?

☞ 다음은 추석에 하는 일이에요. 잘 읽고 아래 그림에 번호를 써 보세요.

> 1. 가족이 모두 함께 모여요.
> 2. 추석 아침에 차례를 지내요.
> 3. '풍성한 추석 보내세요'라고 추석 인사를 해요.
> 4. 송편을 먹어요. 한과와 과일도 많아요.
> 5. 성묘를 해요.
> 6. 추석에 보름달이 떠요. 보름달을 보고 소원을 빌어요.
> 7. 어른들께 추석 선물을 해요.

①　　　　②　　　　③　　　　④

⑤　　　　⑥　　　　⑦

☞ 추석에 보름달을 보고 소원을 빌어요. 여러분의 소원도 이야기해 보세요.

 절은 어떻게 해요?

⊕ 남자

1. 왼손을 오른손 위로 겹쳐서 배 위에 올립니다.
2. 겹친 두 손을 가슴 높이 정도로 올리며 왼발을 뒤로 뺍니다.
3. 무릎을 꿇으면서 허리를 굽히고 두 손을 바닥에 댑니다.
4. 두 손 위에 이마를 대며 몸을 숙입니다.
5. 일어나서 다시 인사합니다.

⊕ 여자

1. 오른손을 왼손 위로 겹쳐서 배 위에 올립니다.
2. 두 팔을 어깨 높이까지 들고 고개를 숙이며
   두 손을 얼굴 높이까지 올립니다.
3. 무릎을 꿇고 상체를 45도 정도로 숙입니다.
4. 상체를 들고 그대로 자리에서 일어납니다.
5. 일어나서 다시 인사합니다.

 설명을 잘 읽고 친구와 함께 절을 해 보세요.

1. 한국의 명절과 여러분 나라의 명절이 어떻게 다른지 친구하고 같이 이야기해 보세요.

나라	같아요	달라요

2. 새해가 되어서 한 해 동안 감사했던 분들께 연하장을 보내려고 해요. 연하장을 써 보세요.

3. 한국 친구와 명절을 함께 보내려고 해요. 친구하고 같이 계획을 세워 보세요.

무슨 명절이에요?	
친구의 고향이 어디예요?	
어떻게 가요?	
얼마 동안 있어요?	
무엇을 먹고 싶어요?	
무엇을 하고 싶어요?	

PART 2

여가 문화
시간이 있으면 무엇을 해요?

06 좀 깎아 주세요.

학습 목표
한국의 시장 문화를 이해할 수 있습니다.
시장에서 물건 값을 흥정할 수 있습니다.

함께 이야기해요!

→ 여러분의 나라에서 쇼핑하러 어디에 가요?

→ 필요한 물건을 사러 어디에 가요?

영인   동대문 시장은 옷이 싸기로 유명해요.

유꼬   그래요? 우리 오늘 예쁜 옷을 사요.

영인   그래서 이렇게 늦은 시간에 왔잖아요.

유꼬   밤에는 옷을 더 싸게 살 수 있어요?

영인   네, 동대문 시장은 밤에 조금 더 싼 것 같아요.

*

영인   여기요, 이거 얼마예요?

점원   그거는 21,000원이에요. 질에 비해서 싸게 나왔어요.

       마음에 드시면 한번 입어 보세요. 거울도 비춰 보시고요.

유꼬   옷은 예쁜데… 좀 깎아 주세요. 20,000원에 주세요, 네?

점원   아이고, 우리도 남는거 없는데. 그럼 손님이 말씀을 잘하셔서

       1,000원만 깎아 드릴게요. 예쁘게 입으세요.

동대문 시장	Dongdaemun Market	东大门市场	東大門(トンデムン)市場
싸다	to be cheap	便宜	安い
-기로 유명하다	to be famous for	因为…而闻名	-で有名だ
늦다	late	晚, 迟	遅い
-(느/으)ㄴ 것 같다	I think that	好像…	-みたいだ
얼마예요?	How much is it?	多少钱?	いくらですか
질	quality	质量	質
-에 비해서	compare to	比…	-に比べて
싸게 나오다	to go cheap	进价低	安く出荷された
마음에 들다	to like	喜欢, 看中	気に入る
거울에 비춰 보다	to look at yourself in the mirror	照镜子看	鏡に映してみる
좀 깎아 주세요	Can(Could) you lower the price a little?	便宜点儿吧	少し安くしてください
예쁘게 입으세요	Enjoy.	在韩国买衣服后，卖家普遍对顾客这么说	きれいに着てください

어디일까요?

 **한국 문화를 알아요**

❶ 쇼핑하러 가요.

☞ 여러분은 필요한 물건이 있을 때 어디에서 사요?

☞ 다음은 물건을 사러 가는 장소예요. 설명을 읽고 알맞은 단어를 찾아서 쓰세요.

편의점	슈퍼마켓	마트	시장	백화점

①

24시간 문을 열어서 언제든지 필요한 것을 살 수 있어요. 간단한 음식은 여기에서 먹을 수 있어요.

②

아주 크고 슈퍼마켓보다 가격이 조금 싸요. 한 번에 많은 물건을 살 때 여기에 가요.

③

집 주위에 있어요. 갑자기 필요한 것이 있으면 여기에서 바로 살 수 있어요.

④

여러 가지 물건을 사고 파는 장소로 가격을 흥정할 수 있어요.

⑤

한 건물 안에 물건을 종류대로 모아서 팔아요. 가격이 비싼 편이에요.

☞ 여러분은 어디에서 쇼핑하는 것을 좋아하는지 이야기해 보세요.

❷ 시장에 가요.

☞ 무슨 시장에 가 봤어요?

....

☞ 다음은 한국에서 유명한 시장이에요. 설명을 읽고 알맞은 단어를 찾아서 쓰세요.

동대문 시장   경동 시장   남대문 시장   모란장   자갈치 시장

①

서울 동쪽에 있어요. 옷을 주로
팔며 매일 밤새도록 열리는 상설
시장이에요.

②

서울역 근처에 있는 오래된 시
장이에요. 없는 것이 없어요.

③

건강을 위한 약재와 음식을 주
로 파는, 서울에 있는 시장이
에요.

④

경기도 성남에서 열리는 오일
장이에요. 옛날 한국 시장의 모
습을 볼 수 있어요.

⑤

생선, 새우, 오징어 등 없는 해산
물이 없어요. 신선한 해산물을 싸
게 파는 시장으로 부산에 있어요.

☞ 어느 시장에 가 보고 싶은지 이야기해 보세요.

5일마다 열려요.

오일장

오일장은 5일마다 한 번씩 열리는 시장입니다. 3일 / 8일 / 13일 / 18일 / 23일 / 28일처럼 3과 8일 들어가는 날에 5일마다 한 번씩 시장이 열립니다. 다른 날짜에 가면 시장이 열리지 않아서 물건을 살 수 없습니다. 대표적인 시장으로 3, 8일마다 열리는 경기도 성남의 모란장과 2, 7일에 한 번씩 열리는 정선 오일장이 있습니다. 오일장에 가면 옛날 한국 시장의 모습을 볼 수 있어서 좋습니다.

요즘은 교통이 편리하기 때문에 5일장보다 매일 매일 열리는 상설 시장이 더 많습니다.

📝 **잘 읽고 위의 글과 같으면 O, 다르면 ✕ 하세요.**

1. 매달 3일, 8일, 13일, 18일, 23일, 28에 시장이 열리면
   오일장이라고 합니다.(   )

2. 경기도의 모란장과 정선 오일장이 오일장으로 유명합니다.(   )

3. 2, 7일에 한 번씩 열리는 시장이 상설시장입니다.(   )

❸ 흥정을 해요.

☛ 물건을 살 때 좀 더 싸게 살 수 있어요?

☛ 시장에서 물건을 살 때는 흥정을 해서 물건 값을 깎을 수 있어요. 다음은 흥정을 할 때
하는 이야기예요. 알맞은 표현을 찾아서 쓰세요.

깎아 주세요	많이 주세요
조금만 더 주세요	다음에 또 올게요
_____	_____

①

②

☛ 시장에서 물건을 사면서 흥정을 하려고 해요. 위에서 배운 표현을 이용해 친구하고 같이
이야기해 보세요.

 **한국 문화를 즐겨요**

1. 여러분 나라에서 쇼핑하러 어디에 가는지 친구하고 같이 이야기해 보세요.

나라	장소	유명해요
한국	동대문 시장	옷이 많고 싸요

2. 여기는 과일 시장이에요. 친구하고 가게 주인과 손님이 되어서 이야기해 보세요.

이야기하기 전에 생각해 보세요.

〈손님〉

1) 무엇을 사고 싶어요?

2) 가격은 얼마가 괜찮아요?

〈가게 주인〉

1) 가격을 깎을 거예요 아니면 덤을 줄 거예요?

2) 가격은 얼마까지 팔 수 있어요?

3. 이번 주말에 친구와 시장에 가려고 해요. 친구하고 같이 계획을 세워 보세요.

어느 시장에 가요?	
왜 그 시장에 가요?	
어떻게 가요?	
누구와 함께 가요?	
무엇을 사고 싶어요?	

07 미리 예약하셨습니까?

학습 목표
한국의 영화관에서 영화를 볼 수 있습니다.
공연을 보기 전에 미리 예매할 수 있습니다.

 함께 이야기해요!

→ 한국 영화를 본 적이 있어요?

→ 한국에서 연극이나 뮤지컬을 본 적이 있어요?

직원 안녕하세요. 미리 예약하셨습니까?

에릭 아니요, 영화 '밀양'을 보려고요. 지금 시작하는 걸로 주세요.

직원 지금 시작하는 것은 매진입니다.

7시 20분 영화는 가능하세요.

에릭 많이 기다려야 하네요. 7시 20분 걸로 2장 주세요.

직원 네, 알겠습니다. 할인되는 카드 있으세요?

여기 할인되는 신용카드하고 제휴 카드 목록이 있어요.

에릭 아, 여기 이 카드가 있어요.

직원 자리는 어디가 좋으세요? 지금 여기 제일 앞자리하고

제일 뒷줄의 구석자리가 남아 있어요.

에릭 그래요? 앞에 앉으면 고개가 아플 테니까 뒷자리로 주세요.

직원 네, 여기 표 2장 있습니다. 시간하고 제목 다시 한 번 확인해

주세요. 감사합니다.

미리	in advance	预先	前もって
예약하다	to reserve, book	定, 预约	予約する
매진	sold out	卖光	売り切れ
가능하다	to be available	可能	できる
기다리다	to wait	等	待つ
할인되다	to get a discount	打折	割引できる
신용카드	credit card	信用卡	クレジットカード
제휴 카드	partnership card	公司和公司之间 为了推广相互的 市场和销售, 而共同携手推出的打折优惠卡	提携カード
목록	list	目录	リスト
자리	seat	座位	席
뒷줄	the last line	后排	後ろの列
구석자리	a corner seat	角落座位	隅の席
남다	to be available	剩	残る
고개	the nape of the neck	脖子	首
-(으)ㄹ 테니까	because	因为会…	-だろうから
뒷자리	a seat in the back row	后排座位	後ろの席
제목	title	片名	タイトル
확인하다	to check	确认	確認する, 確かめる

 어디일까요?

❶ 영화를 보러 가요.

☞ 어디에서 영화를 봐요?

☞ 다음은 영화관에 있는 장소입니다. 설명을 읽고 알맞은 단어를 찾아서 쓰세요.

> 극장 / 영화관   매표소   매점

①

영화표를 사는 곳이에요. 보고 싶은 영화의 제목과 시간을 골라 이곳에서 표를 사요.

②

영화를 보는 곳이에요. 영화가 시작하기 15분 전부터 들어갈 수 있어요. 광고와 다른 영화 예고편을 보면서 영화 시작을 기다려요.

③

여기에서 영화를 보면서 먹을 팝콘과 콜라를 사요. 보통 여기에서 산 음식만 가지고 들어갈 수 있어요.

☞ 여러분은 영화를 볼 때 어느 자리에 앉는 것이 좋은지 이야기해 보세요.

영화표를 읽어요.

영화표

○ 다음 영화표를 보고 영화표에 무엇이 있는지 알맞은 단어를 찾아서 쓰세요.

날짜	시간	영화 제목	장소	좌석

①
②
③

④
⑤

📝 다음 영화표를 보고 날짜와 시간, 제목과 좌석을 설명해 보세요.

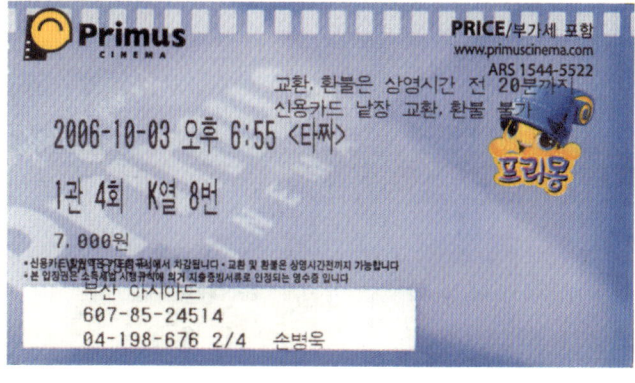

....

....

영화표를 조금 더 싸게 살 수 있어요.

영화표 할인

큰 영화관에는 조조할인 제도가 있습니다. 조조할인이란 아침 일찍 상영하는 영화표를 조금 더 싸게 파는 것입니다. 그래서 아침 첫 회의 영화표를 더 싸게 살 수 있습니다. 대신 주말처럼 영화관에 사람들이 많은 시간에는 표가 더 비싸기도 하니까 미리 확인해 보세요.

또 특별한 신용카드나 제휴카드가 있으면 영화표를 싸게 살 수 있습니다. 어떤 카드로 영화표가 할인되는지 알아보고 극장에 가세요. 영화관의 회원카드가 있으면 영화를 볼 때마다 점수가 쌓여서 나중에 무료로 영화를 볼 수도 있습니다. 점수가 쌓이는 회원카드를 포인트 적립 카드 라고 합니다.

멤버쉽카드를 발급 받으시면
10%를 적립해 드립니다.

트랜스포머
TRANSFORMERS (12세)

📝 잘 읽고 빈칸에 알맞은 말을 쓰세요.

1. 아침 첫 회 영화표를 조금 더 싸게 파는 것을 _____(이)라고 합니다.

2. _____카드나 _____카드가 있으면 영화표가 할인됩니다.

3. 영화를 볼 때마다 점수가 쌓이는 회원카드를 _____(이)라고 합니다.

❷ 공연을 보러 가요.

☞ 한국에서 무슨 공연을 봤어요?

☞ 다음은 공연의 종류예요. 설명을 읽고 알맞은 단어를 찾아서 쓰세요.

연극　　뮤지컬　　콘서트　　클래식　　전시회

①

극장 무대 위에서 이야기를 춤과 노래로 연기하는 공연이에요.

②

극장 무대 위에서 이야기를 말과 행동으로 진짜처럼 연기하는 공연이에요.

③

서양의 고전 음악을 공연하는 것이에요. 악기를 연주하는 공연과 성악 공연 등이 있어요.

④

그림이나 사진을 전시해요. 갤러리와 미술관에서 해요.

⑤

콘서트장에서 가수가 노래를 부르거나 춤을 추고 연주를 해요. 공연에 온 관객들도 함께 노래를 불러요.

☞ 여러분은 무슨 공연을 보고 싶은지 이야기해 보세요.

공연을 보러 가요.

대학로와 예술의 전당

대학로와 예술의 전당은 공연으로 유명한 장소입니다. 대학로에서는 주로 연극이나 뮤지컬을 공연합니다. 예술의 전당은 클래식 공연이 더 많고 전시회도 열립니다.

대학로에 있는 공연장은 예술의 전당 보다 작습니다. 그렇지만 소극장 공연을 좋아해서 대학로의 공연장을 더 좋아하는 사람도 있습니다. 작은 공연장인 소극장에서는 배우들의 얼굴을 가까이에서 볼 수 있어 생동감이 느껴집니다.

반면, 예술의 전당은 큰 공연이 많습니다. 오케스트라의 공연과 오페라 공연이 열리므로 예술의 전당에서 공연을 볼 때는 정장을 입는 것이 좋습니다. 세종 문화 회관과 국립극장도 예술의 전당과 비슷합니다.

 잘 읽고 질문에 답하세요.

1. 공연으로 유명한 장소는 어디입니까?

2. 소극장 공연을 보는 것은 무엇이 좋습니까?

3. 예술의 전당에서 클래식 공연을 볼 때는 무슨 옷을 입는 것이 좋습니까?

❸ 예매를 해야 해요.

☞ 영화나 공연을 어떻게 예매해요?

☞ 다음은 예매할 수 있는 곳이에요. 설명을 읽고 알맞은 단어를 찾아서 쓰세요.

> 인터넷   전화   매표소

①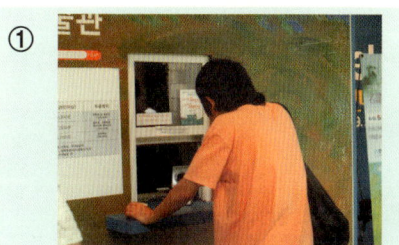

영화관과 공연장 앞에 있어요. 영화나 공연 시작 전에 살 수도 있지만 며칠 전에 직접 가서 표를 살 수도 있어요. 보통 20분 전까지 교환할 수 있어요.

②

극장이나 공연장에 전화를 걸어 예매할 수 있는 경우도 있어요. 보통 예매 수수료가 있어요.

③

극장이나 공연 사이트에서 예매할 수 있어요. 영화와 공연을 예매할 수 있는 전문 사이트도 있어요. 예매 수수료가 있지만 편리하게 표를 살 수 있는 장점이 있어요.

☞ 여러분은 어디에서 표를 예매하고 싶은지 이야기해 보세요.

미리 예매해요.

예매하기

① 인터넷 사이트에 들어가요.

② 보고 싶은 영화나 공연을 고르세요. 가고 싶은 영화관이나 공연장을 먼저 정해도 괜찮아요.

③ 날짜와 시간을 정하세요.

④ 표를 몇 장 살지 정하세요.

⑤ 앉고 싶은 자리를 고르세요.

⑥ 이제 표를 사야 해요. 전화나 인터넷으로 예매할 때는 신용카드나 은행 계좌 이체로 표를 살 수 있어요.

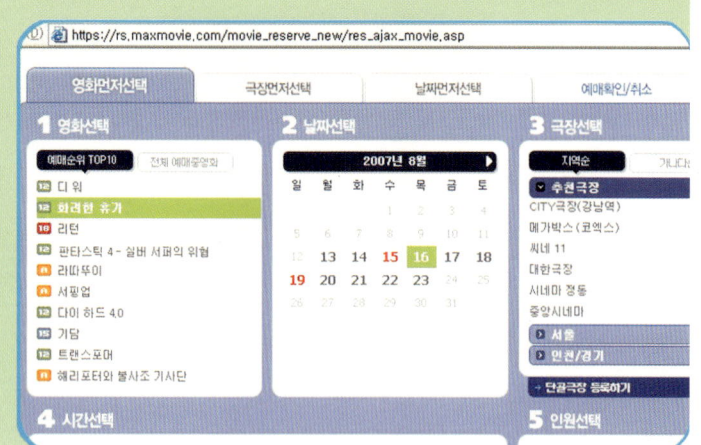

 인터넷으로 예매하는 방법을 설명해 보세요.

 한국 문화를 즐겨요

1. 다음을 보고 대답하세요.

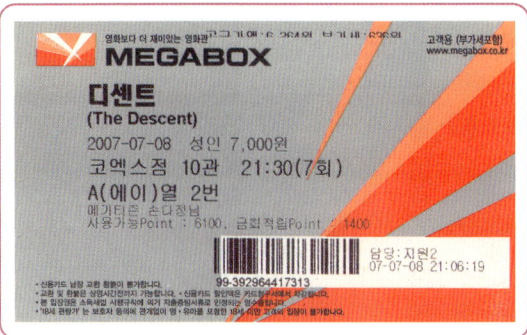

(1) 제목이 뭐예요?

(2) 언제 해요?

(3) 자리는 어디예요?

(4) 얼마예요?

2. 다음은 한국에서 인기가 있는 공연이에요. 어떤 공연이 보고 싶은지 친구하고 같이 이야기해 보세요.

① 〈난타〉
한국의 사물놀이 리듬을 소재로 주방에서 일어나는 일을 재미있게 드라마화한 공연이다.

② 〈점프〉
한국의 전통 무예인 태권도와 태껸, 체조 등 합계 117단인 가족의 집에 도둑이 들었다. 화려한 무술과 유머를 볼 수 있는 공연이다.

③ 〈조수미〉
세계적인 거장 카라얀이 '신이 내린 목소리'라고 한 조수미는 한국의 유명한 성악가이다.

④ 〈개그콘서트〉
관객을 웃게 만드는 개그 공연이다. 연극, 텔레비전 프로그램 등에서 볼 수 있다.

3. 지금 한국에서 인기 있는 영화 5편을 찾아보고 그 중에서 무슨 영화가 보고 싶은지
친구에게 이야기해 보세요.

인기 있는 영화

4. 공연을 보러 가려고 해요. 친구하고 같이 계획을 세워 보세요.

무슨 공연을 봐요?	
왜 그 공연을 봐요?	
언제 공연을 보러 가요?	
어디에서 공연을 해요?	
얼마예요?	
어떻게 표를 사요?	

08 불고기 양념을 해서 볶아요.

학습
목표
한국 음식의 요리법을 이해할 수 있습니다.
한국 음식을 요리할 수 있습니다.

 함께 이야기해요!

→ 여러분은 무슨 음식을 요리할 수 있어요?

→ 그 음식을 어떻게 요리해요?

〈비빔밥 요리법〉

- 비빔밥 재료 : 밥 1공기, 콩나물 50g, 도라지 50g, 고사리 50g, 시금치 50g,
  쇠고기 50g, 계란 1개, 참기름 1작은술, 간장 1작은술,
  다진 파 1큰술, 다진 마늘 1작은술, 소금, 깨소금 조금
- 비빔고추장 재료 : 돼지고기 50g, 고추장 1/2컵, 참기름 1/2큰술,
  다진 마늘 1/2큰술, 설탕 조금

① 콩나물을 냄비 뚜껑을 덮은 채로 살짝 삶아요.

② 삶은 콩나물에 참기름 1/4 작은술과 다진파 1/4큰술, 다진 마늘 1/4 작은술, 소금과 깨소금을 조금 넣고 무쳐요.

③ 도라지와 시금치도 1, 2처럼 해요.

④ 고사리는 프라이팬에 식용유를 조금 붓고 프라이팬이 뜨거워지면 다진 마늘과 함께 볶아요. 간장과 참기름 1/4 작은술과 다진 파 1/4 큰술을 넣고 더 볶아요.

⑤ 쇠고기는 채를 썰어서 불고기 양념을 해서 볶아요.

⑥ 계란 프라이를 해요.

⑦ 비빔 고추장을 만들어요. 먼저 프라이팬에 식용유를 붓고 다진 마늘 1/2 큰술, 돼지고기 다진 것 50g을 넣어서 볶아요. 고기가 익으면 고추장 1/2 컵과 참기름 1/2 큰술을 넣고 함께 볶아요. 적당히 익으면 설탕을 넣고 좀 더 볶아요.

⑧ 밥 위에 콩나물, 고사리, 도라지, 시금치, 쇠고기와 계란을 올려요. 마지막으로 비빔 고추장 적당량을 넣습니다.

 단어를 공부해요

요리법	recipe	烹饪法	レシピ
재료	ingredient	烹饪材料	材料
공기	bowl	碗	茶碗
콩나물	bean sprouts	豆芽	モヤシ
도라지	balloonflower	桔梗	キキョウの根
고사리	bracken	蕨菜	ワラビ
시금치	spinach	菠菜	ホウレン草
쇠고기	beef	牛肉	牛肉
계란	egg	鸡蛋	たまご
참기름	sesame oil	香油	胡麻油
작은술	teaspoon	小勺	小さじ
간장	soysause	酱油	醤油
다지다	to mince	捣	みじん切りにする
파	green onion	葱	ねぎ
큰술	tablespoon	大勺	大さじ
마늘	garlic	大蒜	ニンニク

소금	salt	盐	塩
깨소금	salt with parched sesame	芝麻盐	ごま塩
비빔고추장	seasoned hot pepper paste	辣酱	ビビンゴチュジャン
돼지고기	pork	猪肉	豚肉
설탕	sugar	白糖, 砂糖	砂糖
냄비	pot	锅	鍋
뚜껑	lid	盖	蓋
덮다	to cover	盖	かぶせる
-(으)ㄴ 채로	with	…着	-たままで
살짝	simply	稍微	少し
삶다	to boil	煮	茹でる
-에 -을/를 넣다	to put A into B	加…	-に -を入れる
무치다	to combine together with seasoning	拌	和える
프라이팬	frying pan	平底煎锅	フライパン
식용유	edible oil	食用油	食用油
볶다	to parch	炒	炒める
가늘다	to be thin	细	細い
채를 썰다	to slice	切条	刻む
불고기 양념	bulgogi sauce	烤肉调料	ブルゴギの味付け
계란 프라이	fried egg	荷包蛋	卵焼き
적당히	some, properly	适量	適当に
익다	to cooked	熟	味がつく
올리다	to put A on B	放	のせる

한국 문화를 알아요

❶ 한국 음식을 요리해요.

1) 요리법

☞ 갈비는 어떻게 요리해서 먹어요?

☞ 다음 한국 음식을 만들어요. 어떻게 만드는지 알맞은 표현을 찾아서 연결하세요.

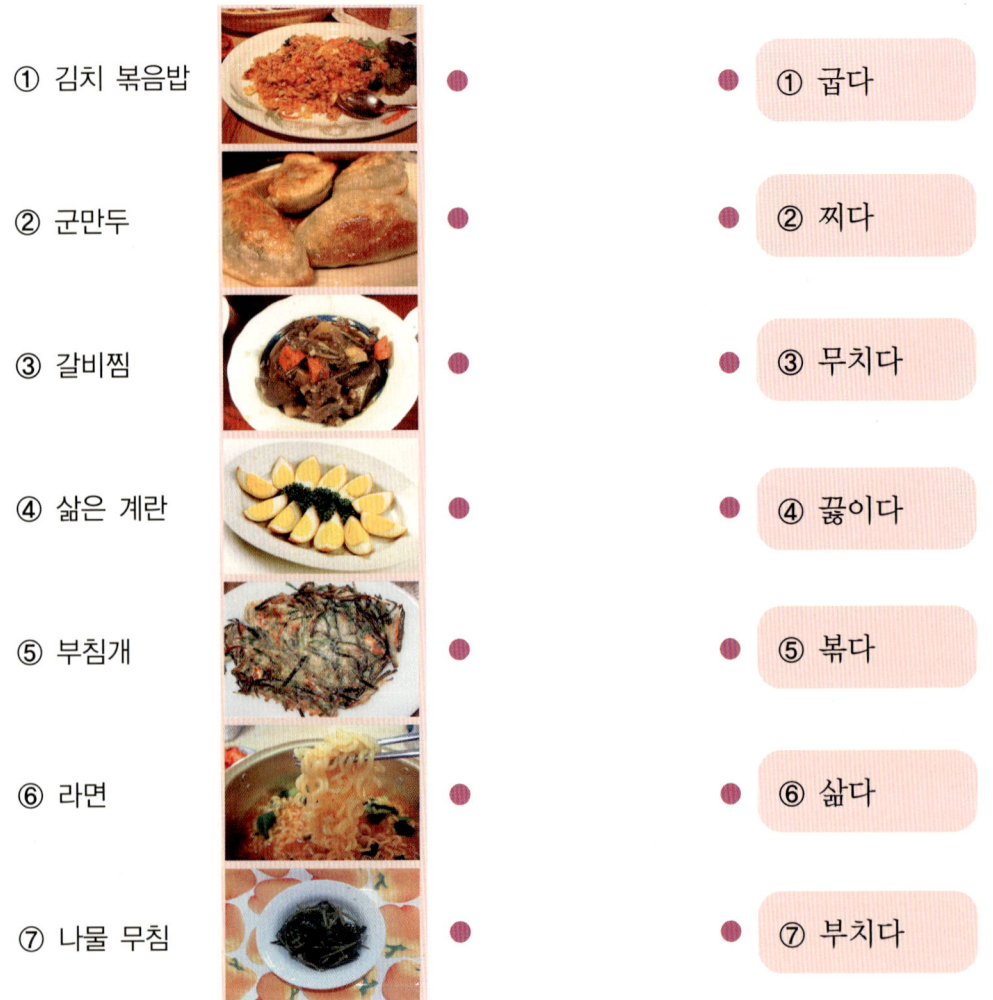

① 김치 볶음밥

② 군만두

③ 갈비찜

④ 삶은 계란

⑤ 부침개

⑥ 라면

⑦ 나물 무침

① 굽다

② 찌다

③ 무치다

④ 끓이다

⑤ 볶다

⑥ 삶다

⑦ 부치다

☞ 여러분이 좋아하는 한국 음식은 어떻게 만드는지 이야기해 보세요.

2) 재료 준비 방법

☞ 깍두기는 무슨 모양이에요?

....

☞ 다음은 재료의 모양을 준비하는 방법이에요. 사진을 보고 알맞은 표현을 찾아서 쓰세요.

| 잘게 썰다 | 다지다 | 깍둑 썰다 | 채 썰다 |

①

②

③

④

☞ 다음은 비빔밥과 깍두기예요. 재료를 어떤 모양으로 준비해요?

①

②

김치는 어떻게 만들어요?

발효 음식

　김치는 한국 사람들이 밥을 먹을 때 꼭 필요한 음식입니다. 배추나 무를 소금에 절인 후에 고춧가루, 파, 마늘과 함께 무쳐 만듭니다. 서양의 음식 중에서 치즈가 김치와 같은 발효 음식입니다.

　김치는 어떤 채소를 사용하는지에 따라서, 또 만드는 방법에 따라서 다양한 종류가 있습니다. 그리고 요리방법에 따라서 김치찌개와 김치볶음밥 등 여러 종류의 음식이 됩니다.

　된장도 한국 사람들이 즐겨 먹는 음식입니다. 된장은 콩을 발효시킨 것입니다. 간장과 고추장도 발효 음식입니다. 된장, 간장, 고추장은 한국 음식에 많이 사용됩니다.

　김치나 된장은 한국의 대표적인 음식인 동시에 음식의 재료입니다. 발효 음식인 김치와 된장은 건강에 좋습니다.

잘 읽고 빈칸에 알맞은 말을 쓰세요.

1. 서양의 치즈처럼 한국의 김치와 된장은 _____입니다.

2. 김치로 만든 음식으로 _____와/과 _____이/가 있습니다.

3. 된장은 _____을/를 발효시킨 것입니다.

❷ 한국 음식에 사용하는 재료예요.

☞ 한국 음식에 많이 사용하는 재료는 무엇일까요?

....

....

☞ 다음은 한국 음식을 요리할 때 많이 사용하는 재료예요. 사진을 보고 알맞은 단어를 찾아
서 쓰세요.

> 마늘   양파   파   고추   멸치   간장   소금   참깨   참기름

①

②

③

④

⑤

⑥

⑦

⑧

⑨

☞ 여러분이 좋아하는 한국 음식을 요리할 때 무슨 재료를 사용하는지 이야기해 보세요.

....

....

....

한국 음식을 요리할 때 많이 사용해요.

불고기 양념과 멸치맛국물

한국 음식을 요리할 때 '불고기 양념'과 '멸치맛 국물'을 많이 사용합니다.

불고기 양념은 간장, 설탕, 다진 양파, 다진 파, 다진 마늘, 후추, 참기름, 깨를 섞은 것입니다. 불고기를 만들 때 사용하고, 잡채를 만들 때도 사용합니다. 여러 가지 요리에 불고기 양념이 사용되므로 기억해 두면 좋습니다.

또 멸치맛국물은 국이나 찌개, 탕을 끓일 때 사용합니다. 멸치를 물에 넣고 오래 끓인 물이 멸치맛국물입니다. 다시마와 새우로 맛국물을 만들기도 합니다.

고기를 삶은 물은 육수라고 하는데, 냉면과 샤브샤브는 멸치맛국물 대신 육수를 사용합니다.

잘 읽고 위의 글과 같으면 O, 다르면 × 하세요.

1. 불고기 양념은 간장, 설탕, 다진 양파, 다진 파, 다진 마늘, 후추, 참기름, 깨를 섞은 것입니다. (　　)

2. 고기를 삶은 물이 육수입니다.(　　)

3. 냉면과 샤브샤브에는 멸치맛국물을 사용합니다.(　　)

❸ 한국 음식을 요리할 때 사용하는 도구예요.

☞ 한국 음식을 요리할 때 무슨 요리 도구를 사용해요?

....

☞ 다음은 한국 음식을 요리할 때 필요한 요리 도구예요. 설명을 읽고 알맞은 단어를 찾아서 쓰세요.

밥솥	냄비	프라이팬	뚝배기	국자
볶음주걱	뒤집개	밥주걱	도마	식칼

①

밥을 지을 때 사용해요. 쌀을 씻어 물과 함께 넣고 '취사' 버튼을 누르면 밥이 만들어져요.

②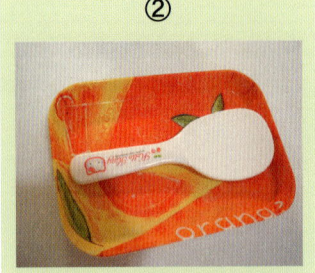

밥을 퍼서 그릇에 담을 때 사용해요.

③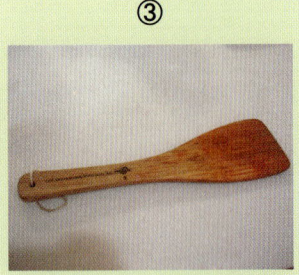

음식을 볶을 때 이것으로 저어요.

④

프라이팬에서 음식을 굽거나 부칠 때 이것으로 뒤집어요.

⑤

찌개나 탕을 오랫동안 따뜻하게 유지시켜 주는 그릇이에요. 뜨거우니까 잡을 때 조심해야 해요.

⑥

기름을 두르고 음식을 굽거나 부칠 때 사용해요.

⑦

국이나 찌개를 퍼서 그릇에 담을 때 사용해요.

⑧

음식을 만드는 재료를 칼로 썰 때 바닥에 두는 판이에요.

⑨

음식을 끓이거나 삶을 때 사용해요. 뚜껑이 있어요.

⑩

음식 재료를 썰 때 사용해요. 과일을 썰 때 사용하는 작은 것은 과도라고 해요.

 **한 큰술이 뭐예요?**

계량 단위

한국 요리를 할 때는 g이나 kg보다 '큰술', '작은술', '적당량', '조금'이라는 표현을 많이 사용합니다. 무슨 뜻일까요?

① 큰술 :

② 작은술 :

③ 컵 :

 ## 한국 문화를 즐겨요

1. 여러분 나라의 음식 요리법에 대해서 친구하고 같이 이야기해 보세요.

나라	많이 사용하는 재료	요리 방법
한국	마늘, 멸치맛국물	끓이다

2. 한국 음식의 사진을 보고 질문에 대답하세요.

(1) 무슨 음식이에요?

(2) 무슨 재료가 필요해요?

(3) 무슨 요리 도구가 필요해요?

(4) 어떻게 요리해요?

....

....

....

3. 다음 깍두기 요리법을 읽고 질문에 대답하세요.

〈깍두기 요리법〉

재료 : 무 1개, 소금 6큰술, 파 1개,
고춧가루 2큰술, 설탕 1큰술,
다진 마늘 1/2큰술

① 무를 깍둑 썰기해요.

② ①의 무에 소금을 넣고 물이 나올 때까지 기다려요. 무에서 물이 나오면 무를 한번 씻어요.

③ ②에 고춧가루를 넣고 무쳐서 무를 빨갛게 만들어요.

④ ③에 잘게 썬 파와 설탕, 다진 마늘을 넣고 다시 한번 무쳐요.

⑤ 이제 밥과 함께 먹어요.

(1) 이 음식을 언제 먹어요?

....

(2) 무슨 재료가 필요해요?

....

(3) 친구에게 요리법을 설명해 보세요.

....

4. 다음 한국 음식 중에서 하나를 골라 요리법을 조사해 보세요.

① 파전　　　② 김치 볶음밥　　　③ 떡볶이

5. 한국 음식을 요리하려고 해요. 친구하고 같이 계획을 세워 보세요.

무슨 음식을 요리해요?	
어디에서 요리해요?	
무슨 재료가 필요해요?	
어디에서 재료를 사요?	
무슨 요리 도구가 필요해요?	
어디에서 요리 도구를 준비해요?	

09 야구장에 가기로 했어요.

학습 목표 한국의 운동 경기를 보며 응원할 수 있습니다.
한국 사람과 같이 운동을 할 수 있습니다.

 함께 이야기해요!

→ 여러분의 나라에서 무슨 운동이 인기 있어요?

→ 여러분은 무슨 운동을 좋아해요?

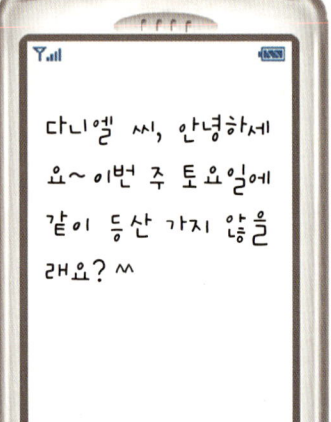

다니엘 씨, 안녕하세요~ 이번 주 토요일에 같이 등산 가지 않을래요? ^^

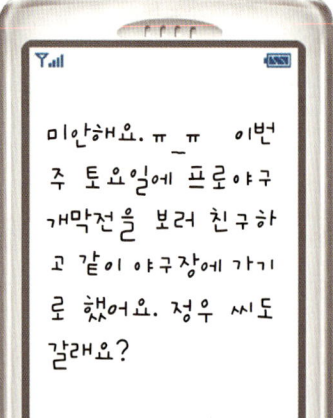

미안해요. ㅠ_ㅠ 이번 주 토요일에 프로야구 개막전을 보러 친구하고 같이 야구장에 가기로 했어요. 정우 씨도 갈래요?

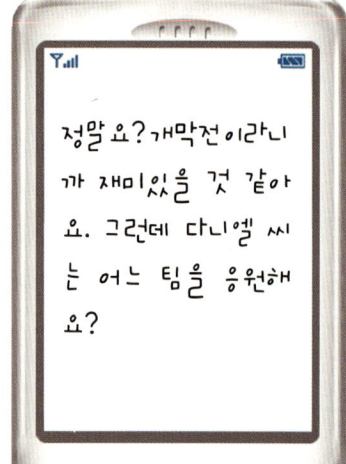

정말요? 개막전이라니까 재미있을 것 같아요. 그런데 다니엘 씨는 어느 팀을 응원해요?

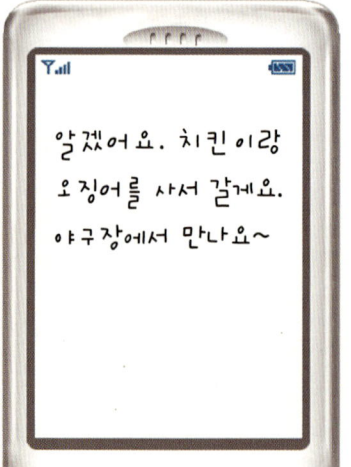

저는 롯데 팬이에요. 치어리더가 있는 자리에 앉을 거예요. ^-^ 너무 기대돼요. 정우 씨도 함께 가요.

알겠어요. 치킨이랑 오징어를 사서 갈게요. 야구장에서 만나요~

이번 주	this week	这个星期	今週
등산	hiking	登山	山登り
-지 않을래요?	How about -ing?	不…吗?	-ませんか
프로야구	pro baseball	职业棒球	プロ野球
개막전	season opener, opening game	开幕战	開幕戦
야구장	ballpark, baseball stadium	棒球场	野球場
-기로 하다	to be going to	决定…	-ことにする
팀	team	队	チーム
정말	really	真的	本当
-(으)ㄹ 것 같다	It sounds-	可能…	-そうだ
응원하다	to root for	加油鼓劲	応援する
팬	fan	球迷	ファン
치어리더	cheerleader	啦啦队	チアリーダー
자리	seat	座位	席
앉다	to sit	坐	座る
기대되다	to be excited	期待	楽しみだ
알겠다	I see(It sounds good)	知道了	分かる
치킨	chicken	炸鸡	チキン
오징어	cuttlefish	鱿鱼	スルメ

한국 문화를 알아요

❶ 같이 응원해요.

☞ 무슨 운동 경기 보는 것을 좋아해요?

....

☞ 다음은 한국 사람들이 즐겨 보는 프로 운동 경기예요. 설명을 읽고 알맞은 단어를 찾아서 쓰세요.

> 야구   축구   농구

①	②	③

실내 체육관인 농구장에서 경기를 해요. 농구복을 입은 5명의 선수들이 한 팀이 되어 4쿼터 동안 더 많은 점수를 얻으면 이겨요.	잔디가 깔린 경기장인 축구장에서 해요. 한 팀은 골키퍼를 포함해서 11명이에요. 전, 후반전 동안 공을 골대에 더 많이 넣은 팀이 이겨요.	홈과 3루가 있는 야구장에서 경기를 해요. 두 팀이 번갈아 가면서 공격과 수비를 해요. 선수가 홈을 더 많이 밟은 팀이 이겨요.

☞ 여러분은 무슨 프로 운동 경기를 보러 가고 싶은지 이야기해 보세요.

....

좋아하는 팀이 있어요?

프로경기

야구, 축구, 농구는 한국에서 인기 있는 프로 경기입니다.

야구는 매년 4월에 시작해서 9월까지 경기가 있습니다. 가을에는 상위팀들끼리 플레이 오프 경기를 합니다. 축구는 일 년 동안 계속 경기가 열립니다. 프로 축구인 K-리그가 전반기와 후반기로 나뉘어 봄과 가을에 열리고 올림픽, 아시안 게임, 월드컵 때문에 국가 대표 경기도 자주 열립니다. 농구는 주로 겨울인 12월부터 경기를 합니다.

경기장에서 같은 팀을 응원하는 사람들은 함께 모여 앉습니다. 프로 경기에는 보통 치어리더들이 있어서 춤과 노래로 응원을 이끕니다. 한국에서는 주로 노래와 구호로 응원하는데 파도타기가 특히 인기 있는 응원입니다. 한쪽부터 순서대로 자리에서 일어나면서 팔을 드는 것인데 멀리서 보면 마치 파도가 치는 것처럼 보입니다.

프로 야구, 축구, 농구는 팀마다 그 팀의 지역이 있는 지역 연고제가 있습니다. 그 지역 사람들의 대부분은 그 지역 팀의 팬입니다. 그리고 그 지역에 그 팀의 경기장이 있습니다. 프로 야구 팀 중 롯데는 부산의 팀이고, 프로 축구 중 서울FC는 서울 팀입니다.

📝 **잘 읽고 위의 글과 같으면 O, 다르면 X 하세요.**

1. 축구는 4월에 시작해서 9월에 끝납니다. (   )

2. 경기장에서 치어리더들이 응원을 이끕니다. (   )

3. 프로 야구, 축구, 농구는 팀마다 정해진 지역이 있습니다. 그 지역에 팬이 많고 그 팀의 경기장도 있습니다. (   )

❷ 한국 사람들이 많이 하는 운동이에요.

☞ 무슨 운동하는 것을 좋아해요?

....

☞ 다음은 한국 사람들이 즐겨하는 운동이에요. 설명을 읽고 알맞은 단어를 찾아서 쓰세요.

등산   조깅   탁구   배드민턴   자전거   인라인   스키

①

겨울에 눈이 쌓인 스키장에서 스키복을 입고 타요.

②

실내 경기장이나 야외에서 채로 셔틀콕을 쳐요.

③

바퀴가 달린 스케이트를 타고 달려요. 강가나 운동장에서 많이 타요.

④

탁구대를 사이에 놓고 두 사람이 채로 공을 주고받아요. 공이 작고 가벼워요.

⑤

개천가나 운동장에서 가볍게 달리는 것이에요.

⑥
산에 올라가는 것으로 산이 많은 한국에서 인기가 좋아요.

⑦

강가나 운동장을 이것을 타고
달려요.

☞ 여러분은 무슨 운동을 하고 싶은지 이야기해 보세요.

....

❸ 매일 운동하러 가요.

☞ 매일 무슨 운동을 해요?

....

☞ 다음은 한국에서 매일 할 수 있는 운동으로 인기가 있는 것이에요. 설명을 읽고 알맞은
단어를 찾아서 쓰세요.

| 태권도 | 검도 | 헬스 | 요가 | 수영 |

①

헬스클럽에 있는
러닝머신과 역기
등으로 운동해요.
러닝 머신 위를 달
리면서 살을 빼고
역기를 들어 근육
을 키워요.

②

수영장에서 수영
복을 입고 물 속을
왔다갔다하는 거
예요. 자유형, 접
영 등이 있어요.

③

도장에서 호구를 쓰고 죽도로 상대편의 머리, 손목, 허리를 쳐서 승부를 겨루는 운동이에 요. 예와 정신 수양을 중요시 해요.

④

한국의 전통적인 운동으로 손기 술과 발기술 등으로 상대편과 겨 루는 운동이에요. 도장에서 태권 도복을 입고 실력에 따라 다른 색 깔 허리띠를 해요.

⑤

여자들에게 특히 인기가 있는 운동이에요. 유연성을 좋게 하 고 명상을 중요하게 생각해요.

☞ 여러분은 무슨 운동을 하고 싶은지 이야기해 보세요.

....

....

....

 **한국 문화를 즐겨요**

1. 여러분의 나라에는 어떤 운동이 인기가 있는지 친구하고 같이 이야기해 보세요.

나라	인기 있는 운동
한국	등산 – 한국에 등산하기 좋은 산이 많고 건강에도 좋아요.

2. 운동 경기를 볼 때는 좋아하는 팀을 응원해요. 질문을 읽고 대답하세요.

1) 운동 경기를 볼 때 어떤 응원을 하는지 이야기하고 함께 응원해 보세요.

① 대~한민국!

② 오~필승! 코리아!

③ 파도타기

④ 신문지 / 휴지 응원

⑤ _____

2) 여러분의 나라의 운동 팀이나 좋아하는 운동 팀을 응원하기 위한 특별한 응원을 만들어
   보세요.

3. 한국에서 운동을 하려고 해요. 친구하고 같이 계획을 세워 보세요.

무슨 운동을 하고 싶어요?	
왜 그 운동을 하고 싶어요?	
얼마나 자주 운동하러 가요?	
운동하러 어디에 가요?	
누구하고 함께 가요?	

PART 3

특별한 장소
여행을 떠나요.

10 단풍으로 아주 유명해.

학습   한국의 산을 체험할 수 있습니다.
목표   한국의 사계절을 압니다.

 함께 이야기해요!

→ 지금 무슨 계절이에요?

→ 이 계절에 무엇을 해요?

다니엘   올 여름은 너무 더웠는데 드디어 날씨가 좀 시원해졌어.

영인   가을이 오려나 봐.

다니엘   가을이 오면 뭐 할 거야?

영인   단풍놀이를 가야지.

여름엔 나뭇잎이 녹색이지만 가을이 되면 노란색,

빨간색으로 울긋불긋 물들어서 아주 예뻐.

다니엘   단풍놀이는 어디로 가?

영인   설악산! 강원도에 있는데, 단풍으로 아주 유명해.

설악산 꼭대기인 대청봉까지 등산해도 좋고, 케이블카를

타고 단풍 구경을 해도 좋아.

울산 바위하고 흔들 바위도 구경해야지.

설악산에서 단풍놀이를 하고 나서, 속초에서 맛있는 회도

먹고 근처에 있는 정동진도 가고.

다니엘   빨리 가을이 왔으면 좋겠어.

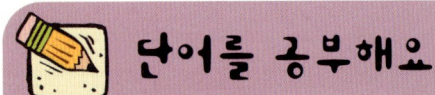

올 여름	this summer	今年夏天	今年の夏
드디어	finally	终于	ようやく
날씨	weather	天气	天気
시원하다	cool	凉快	涼しい
가을이 오다	autumn snuck up	到了秋天	秋が来る
-(으)려나 보다	It seems that	似乎要…	-ようだ
뭐 할 거야?	What are you going to do	做什么?	なにする?
단풍놀이를 가다	to go see a fall foliage	去赏红叶	紅葉狩りに行く
나뭇잎이 울긋불긋 물들다	turn the leaves red and yellow	秋叶色彩斑斓	木葉が色とりどりに染まる
강원도	Gangwon-do	江原道	江原道(カンウォンド)
꼭대기	the peak	山顶	頂上
대청봉	Daecheongbong	大青峰	大青峰(テチョンボン)
케이블카	cable car	电缆车	ケーブルカー
울산 바위	Ulsan Bawui	울산 바위	蔚山岩(ウルサンバウィ)
흔들 바위	Heundeul Bawui	흔들 바위	フンドゥル岩(バウィ)
회	sashimi	生鱼片	刺身
근처	near around	附近	近く
정동진	Jeongdongjin Beach	正东津	正東津(チョンドンジン)
빨리 가을이 왔으면 좋겠어	I hope that autumn comes soon.	秋天快点儿到就好了。	早く秋が来たらいいな

 **한국 문화를 알아요**

❶ 설악산에 가요.

☞ 한국에서 무슨 산이 유명해요?

☞ 다음은 설악산에서 유명한 것이에요. 설명을 읽고 알맞은 단어를 찾아서 쓰세요.

> 대청봉   흔들 바위   단풍   캠프   케이블카   울산 바위   대승 폭포

① 한국의 3대 폭포 중 하나예요.

② 설악산에서 제일 높은 곳이에요.

③ 금강산에 가려고 울산에서 뛰어온 바위가 실수로 설악산에서 멈췄대요.

④ 이것을 타면 산에 쉽게 올라갈 수 있어요.

⑦ 흔들어 보세요. 흔들리지만 절대 떨어지지 않아요.

⑥ 날씨가 좋으면 설악산에서 텐트를 치고 잘 수 있어요.

⑤ 가을이 되면 초록색 나무가 빨간색으로, 노란색으로 변해요.

☞ 여러분은 위의 장소 중에서 어디에 가보고 싶은지 이야기해 보세요.

 **설악산 근처에 있어요.**

① **정동진**

　바다와 가장 가까운 역으로 기네스 북에
오른 정동진 역이 있어요. 이곳에서 드라마
를 촬영해서 더 유명해졌어요.

② **속초**

　바다가 아름다워요. 오징어회가 유명해요

③ **동해**

　동해 바다는 푸르고 깊어서 아름다워요.
여름에 더 많은 관광객이 찾아요.

 설악산 근처에 있는 유명한 곳을 더 찾아 보세요. 어디에 가고 싶어요?

❷ 설악산에 가서 먹어요.

☞ 산에서 무슨 음식을 먹을 수 있을까요?

☞ 다음은 설악산에서 먹을 수 있는 음식이에요. 설명을 읽고 알맞은 단어를 찾아서 쓰세요.

도토리묵   산채 비빔밥

①

도토리는 산에서 나요. 도토리를 가루로 만들어 물과 섞어 묵으로 만든 후 야채와 함께 먹어요.

②

산에서 나는 나물로 만든 비빔밥이에요.

☞ 여러분은 설악산에서 무슨 음식을 먹고 싶은지 이야기해 보세요.

----

❸ 한국의 사계절을 즐겨요.

☞ 한국에 무슨 계절이 있어요?

☞ 다음은 한국 사람이 계절마다 즐겨하는 것이에요. 설명을 읽고 알맞은 단어를 찾아서 쓰세요.

꽃놀이	스키	피서	단풍놀이

①

봄: 벚꽃과 개나리, 진달래꽃이 펴요. 철쭉과 모란꽃도 펴요. 꽃이 많이 피는 곳에 가서 꽃을 구경해요.

②

여름 : 한국은 여름에 휴가가 길어요. 더위를 피해 해수욕장이나 계곡에 가요.

③

가을 : 단풍을 구경하러 산에 가요. 나무가 많은 산의 단풍이 특히 아름다워요.

④

겨울 : 눈이 쌓인 스키장에 가거나 스케이트 장에 가기도 해요.

☞ 여러분이 좋아하는 계절에 대해서 이야기해 보세요.

유명한 장소

설악산
서울여의도   홍천   강릉경포대
평창
대천
경주
무주
내장산
지리산   진해   부산해운대

● 꽃놀이
● 바다
● 스키장
● 단풍놀이

📝 무슨 계절에 어디에 가고 싶은지 이야기해 보세요.

1. 여러분 나라의 계절에 대해서 친구하고 같이 이야기해 보세요.

나라	계절	그 계절에 하는 일
한국	봄, 여름, 가을, 겨울	꽃놀이, 바다, 단풍놀이, 스키

2. 다음 한국에서 유명한 산 중에서 어디에 가고 싶은지 골라 설명해 보세요.

① 한라산 : 남한에서 제일 높은 산으로 꼭대기에 백록담이 있다.

② 지리산 : 남한 최대 규모를 자랑하는 산으로 피아골, 뱀사골, 칠선, 한신 등 4대 계곡은 가을 단풍으로 유명하다.

③ 오대산 : 철쭉, 금강초롱 등의 유서 깊은 사찰과 문화재가 많다. 식물과 멧돼지, 노루, 딱따구리 등 야생 동물이 많다.

④ 설악산 : 한라산, 지리산 다음으로 높고 교통이 편리하고 동해와 가까워서 관광지로 인기가 좋다. 꼭대기인 대청봉에 1년 중 5~6개월 동안 눈이 덮여있어 이름이 설악이라고 한다.

⑤ 금강산 : 북한에 있는 산으로 남한에서 여행을 신청해서 갈 수 있다. 아름다운 바위가 많기로 유명하다.

⑥ 백두산 : 한반도 북동쪽 끝에 있는 산으로 꼭대기에 천지연이 있다. 남한에서는 지금은 중국을 통해 여행할 수 있지만 앞으로 바로 여행갈 수 있게 될 것이다.

3. 설악산에 가려고 해요. 친구하고 같이 계획을 세워 보세요.

언제 가요?	
어떻게 가요?	
무엇을 구경해요?	
무엇을 먹어요?	
설악산 근처 어디에 더 가 보고 싶어요?	

저는 제주도를 추천합니다.

**학습
목표** 제주도를 여행할 수 있습니다.
한국에서 인기 있는 관광지를 여행할 수 있습니다.

 함께 이야기해요!

→ 여러분의 나라에서 인기 있는 관광지가 어디예요?

→ 한국에서 유명한 관광지가 어디예요?

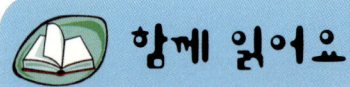
함께 읽어요

제목 여행지를 추천해 주세요.   No. 424788 │ Hit 121 │ Date 2008-01-06

글쓴이 후훗.(g35646)

안녕하세요. 저는 중국에서 한국어를 공부하러 온 학생입니다. 지금은 서울에서 한국어를 공부하고 있지만, 곧 방학이기 때문에 여행을 하려고 합니다. 서울하고 부산은 가 봤어요. 다른 좋은 곳을 추천해 주세요.^^

↳ Re: 안녕하세요? 저는 제주도를 추천합니다.
한국에서 유명한 관광지예요. 섬이니까 바다를 볼 수 있어요! 그리고 섬 가운데 한라산이 있는데 꼭 등산해 보세요. 산과 바다! 아~~ 저도 가고 싶어요!

↳ Re: 제주도 좋죠! 한국 속의 또 다른 한국이죠. 자전거를 빌려서 바닷가를 달려 보세요. 최고 최고! 숙박하기도 편리해요. 주말에는 사람이 많으니까 평일에 가시는 게 더 좋을 것 같아요.

↳ Re: 윗분들이 제주도를 많이 추천하셨네요. 그럼 저는 제주도에서 꼭 가 봐야 하는 장소를 추천해 드릴게요. 제주도에서 성산 일출봉하고 우도에 꼭 가 보세요. 성산 일출봉에서 보는 일출은 절대 잊을 수 없을 거예요. 나중에 후기를 올려 주세요!

목록

단어를 공부해요

방학	vacation	放假, 假期	休み
-(이)기 때문에	because	因为…所以	
여행하다	to take a trip	旅行	旅行する
추천하다	to recommend	推荐	勧める
관광지	tourists site	观光地	観光地
섬	island	岛	島
바다	sea	大海	海
가운데	in the middle of	中	中
한라산	Mt. Hallasan	汉拿山	漢拏山(ハンラサン)
또 다른	another	另一个	もう一つの
자전거	bicycle	自行车	自転車
빌리다	borrow	借	借りる
달리다	run	跑	走る
최고	the best	最好, 真棒	最高

숙박	lodging	住宿	宿泊
편리하다	to be convenient	方便	便利だ
평일	weekdays	平日	平日
윗분	others(people above in the internet site)	上面几位 (网上用语)	みなさん (コメントした人たち)
성산 일출봉	Seongsan Sunrise peak	城山日出峰	城山(ソンサン)日出峰 (いるチュルボン)
우도	Woodo island	牛岛	牛島(ウド)
꼭	to be sure to	一定	ぜひ
일출 장면	sunrise	日出 情景	日出の場面
절대 잊을 수 없다	never forget	难以忘怀	絶対忘れない
나중	later	以后	あと
후기를 올리다	to write a review, post your travel log latter an the internet	上传旅行后记	後期を書き込む

한국 문화를 알아요

❶ 제주도에 가요.

☞ 바다가 보고 싶으면 어디에 가요?

☞ 다음은 제주도에서 유명한 곳이에요. 이름을 찾아서 쓰세요?

한라산	중문 해수욕장	여미지 식물원	섭지코지
우도 등대	천제연 폭포	신영 영화 박물관	성산일출봉

② 제주도 가운데 있는 산으로 남한에서 제일 높아요.

③ 드라마로 더 유명해졌어요. 등대와 해안 절벽이 아름다워요.

④ 여러 나라의 등대를 모아 놓은 등대 박물관이 있어요.

① 천지연 폭포와 함께 제주도에서 유명한 폭포예요.

⑤ 새벽에 근사한 일출을 볼 수 있어요.

⑥ 영화의 역사와 한국 영화에 대해서 알 수 있는 곳이에요.

⑦ 바다 색깔이 아름다운 해수욕장이에요.

⑧ 여러 종류의 꽃과 나무를 볼 수 있어요.

☞ 제주도를 여행하려고 해요. 위에서 2군데를 골라서 가고 싶은 이유를 이야기해 보세요.

 **제주도를 여행해요.**

제주도

제주도는 한국에서 제일 큰 섬입니다. 가운데 한라산이 있고, 아름다운 바다로 둘러싸여 있습니다. 아름다운 자연과 여러 전시관, 박물관을 제주도에서 만날 수 있습니다. 그래서 제주도를 찾는 관광객이 일 년 내도록 끊이지 않습니다. 특히 신혼부부들에게 신혼여행 장소로 인기가 많습니다.

제주도는 숙박하기가 편리합니다. 대중교통은 조금 불편하지만 차를 빌리기 쉽기 때문에 렌트카를 이용하면 편하게 여행할 수 있습니다. 자전거를 타고 바닷가를 따라 달리는 것도 좋습니다. 또 제주도 방언은 다른 지역 방언과 아주 다르고 특이하니까 한번 귀 기울여 들어 보세요.

제주도를 하루 만에 다 여행하는 것은 불가능합니다. 그러므로 동쪽과 서쪽, 그리고 중심지역으로 나누어서 여행 계획을 세우는 것이 좋습니다.

✏️ **잘 읽고 위의 글과 같으면 O, 다르면 X 하세요.**

1. 제주도 가운데 있는 산은 한라산입니다.(　　)

2. 제주도는 한국에서 인기가 있는 관광지입니다.(　　)

3. 제주도는 하루 동안 여행하기 좋습니다.(　　)

❷ 제주도에 많아요.

☞ 제주도의 별명은 삼다도예요. 3가지가 많다는 뜻인데 이 3가지는 무엇일까요?

....

....

☞ 다음은 제주도에서 볼 수 있는 것이에요. 설명을 읽고 단어를 찾아서 쓰세요.

> 돌하르방   해녀   유채꽃

①
돌 할아버지라는 뜻이에요. 마을을 지켜달라는 뜻으로 만들었어요. 돌하르방의 코를 만지면 아들을 낳는다는 이야기가 있어서 신혼부부들이 꼭 코를 만져요.

②

직접 바다에 들어가서 해산물을 잡는 여자예요. 이런 여성은 일본과 한국에만 있고 한국에서는 제주도에 제일 많아요.

③

4월의 제주도는 온통 노란색이에요. 이 꽃이 아주 많이 펴서 축제도 열려요.

☞ 여러분은 제주도에 가면 무엇을 보고 싶은지 이야기해 보세요.

....

❸ 제주도에서 먹어요.

☞ 제주도에서 무슨 음식이 유명할까요?

....

☞ 제주도는 한국의 제일 남쪽에 있기 때문에 다른 곳보다 따뜻하고, 섬이기 때문에 해산물
이 많아요. 다음은 제주도에서 유명한 음식이에요. 사진을 보고 이름을 찾아서 쓰세요.

다금바리	갈치	전복죽	귤
흑돼지	옥돔	한라봉	

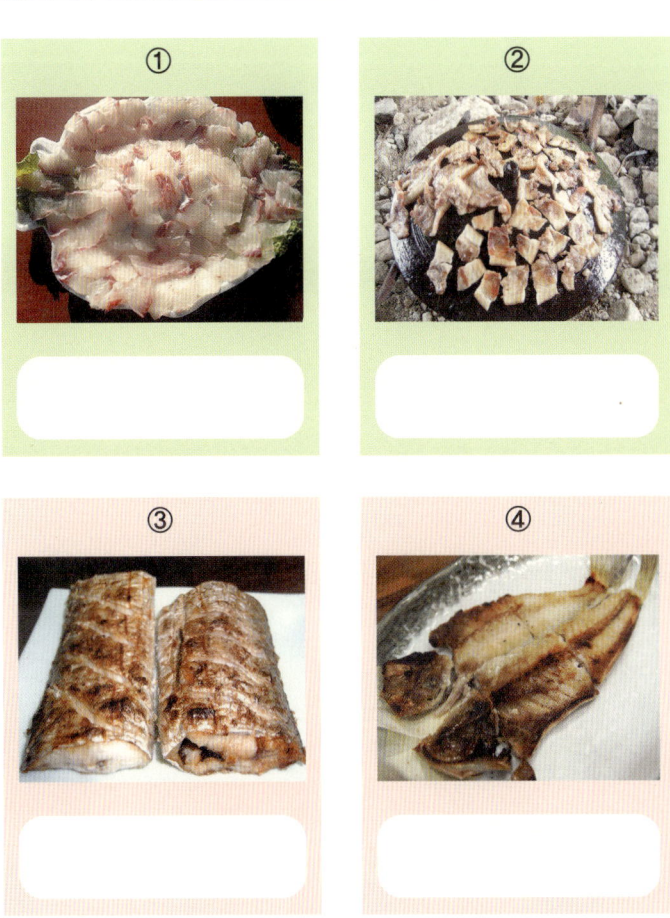

⑤

⑥

⑦

☞ 여러분은 제주도에서 무슨 음식을 먹고 싶은지 이야기해 보세요.

- -

귤과 한라봉을 먹어요.

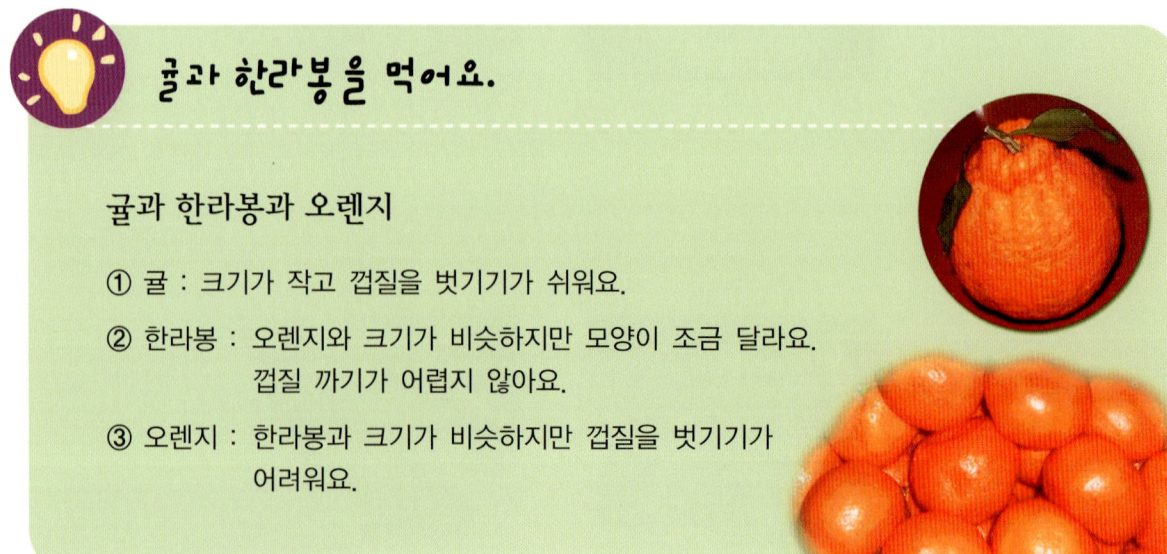

귤과 한라봉과 오렌지

① 귤 : 크기가 작고 껍질을 벗기기가 쉬워요.

② 한라봉 : 오렌지와 크기가 비슷하지만 모양이 조금 달라요.
껍질 까기가 어렵지 않아요.

③ 오렌지 : 한라봉과 크기가 비슷하지만 껍질을 벗기기가
어려워요.

📝 귤과 한라봉, 오렌지를 먹어 보고 맛이 어떤지 이야기해 보세요.

 한국 문화를 즐겨요

1. 여러분 나라에서 유명한 관광지는 어디인지 친구하고 같이 이야기해 보세요.

나라	유명한 관광지	유명한 이유
한국	제주도	한라산과 바다가 아름다워요

2. 한국에서 유명한 관광지에 여행을 가려고 인터넷 게시판에 인기 있는 관광지를 추천해 달라는 글을 쓰려고 해요. 게시판에 글을 올리고 답글도 확인해 보세요.

＊ 글을 올리기 전에 먼저 생각해 보세요.

① 얼마 동안 여행할 거예요?
예) 하루, 1박 2일, 2박 3일

② 어떤 관광지에 가고 싶어요?
예) 산, 바다, 도시

③ 무엇을 하고 싶어요?
예) 맛있는 음식, 한국의 역사, 놀이 동산

....

....

....

....

....

....

....

3. 제주도 여행을 하려고 해요. 친구하고 같이 계획을 세워 보세요.

언제 가요?	
어떻게 가요?	
제주도에서 어디에 가요?	
무엇을 먹어요?	
제주도에서 무엇을 타고 다녀요?	
어디에서 자요?	

가이드북

오늘이 무슨 날이에요?

1. 무엇을 잡았어요?

돌잔치에 가요

한국 사람들은 아기가 태어난 지 1년이 되면 돌잔치를 열어 가족과 친구들을 초대합니다. 서울에 있는 '국립민속박물관'에서 돌잔치가 무엇인지 구경할 수 있습니다. 아니면 '민족혼 뿌리 내리기 시민 연합(http://www.msr.or.kr)'에서도 옛날 궁궐에서 했던 돌잔치를 여니까 이것을 보러 가도 괜찮습니다.

오늘 간 돌잔치

[사진을 붙여 보세요]

위치 :
시간 :
돌잔치에 온 사람들 :
돌잔치에 있는 물건들 :
여러분이 한국에서 돌잔치를 한다면 무엇을 더 하고 싶어요?

함께 체험해요!

▶▶ **가기 전에**

1) 누구의 초대를 받았어요?

2) 돌잔치를 어디에서 해요?

3) 어떻게 가요?

▶▶ **돌잔치에서**

1) 아기의 부모님과 아기의 이름이 뭐예요?

148 문화로 배우는 한국어 2

2) 무엇을 선물했어요? 또 답례품으로 무엇을 받았어요?

3) 돌잡이에서 아기가 무엇을 쥐었어요?

▶▶ **다녀 와서**

1) 언제 돌잔치에 갔어요?

2) 누구와 함께 돌잔치에 갔어요?

3) 무엇이 가장 재미있었는지 2가지만 써 보세요.

4) 한국어로 어떻게 축하해 주었어요?

2. 행복하게 잘 사세요!

결혼식에 가요

한국 친구의 결혼식에 가 봅시다. 먼저 청첩장을 받고 시간과 장소를 확인하세요. 결혼식 시간보다 30분쯤 일찍 가서 신랑 신부에게 인사해야 하는 것을 알고 있지요?

오늘 간 결혼식

[사진을 붙여 보세요]

위치 :

시간 :

결혼식에 온 사람들 :

결혼식 순서:

여러분이 한국에서 결혼식을 한다면 무엇을 더 하고 싶어요?

함께 체험해요!

▶▶ **가기 전에**

1) 누구의 초대를 받았어요?

2) 어디에서 해요?

3) 어떻게 가요?

▶▶ **결혼식에서**

1) 신랑과 신부의 이름이 뭐예요?

2) 신랑 신부에게 무엇을 선물했어요?

3) 결혼식은 얼마 동안 해요?

4) 결혼식에서 무엇을 했는지 순서대로 이야기해 보세요.

5) 여러분 나라의 결혼식과 무엇이 다른지 3가지만 이야기해 보세요.

▶▶ **다녀 와서**

1) 언제 결혼식에 갔어요?

2) 누구와 함께 결혼식에 갔어요?

3) 무엇이 가장 기억에 남는지 2가지만 써 보세요.

4) 한국어로 어떻게 축하해 주었어요?

전통 혼례를 구경해요

서울 인사동에서 서울 충무로의 '한국의 집' 공연팀이 공연하는 전통 혼례를 설명을 들으며 볼 수 있습니다. 이 전통 혼례 공연은 신랑 신부가 되어 체험하고 싶은 커플의 신청을 받아서 하기 때문에 우리가 직접 주인공이 될 수 있습니다. 혼례 전에 결혼을 약속하는 과정, 혼례, 혼례 후 축하 행사를 모두 공연합니다.

전통 혼례 공연

위치 : 서울 종로구 인사동 입구

시간 : 매주 목·금·토요일 오후 2시 (비가 오면 공연하지 않습니다)

전화번호 : (한국문화재보존재단) 02-3011-2158

홈페이지 : www.fpcp.or.kr

함께 체험해요!

▶▶ 가기 전에

1) 어디에서 공연해요?

2) 어떻게 가요?

3) 언제 가요?

▶▶ 전통 혼례 공연에서

1) 결혼식 전날에, 신랑의 친구들이 신부의 집에 가지요? 무엇을 가지고 어떻게 가는지 이야기해 보세요.

2) 전통 혼례를 할 때 입는 한복은 보통 한국 사람들이 입는 한복과 조금 달라요. 그리고 머리 모양도 요즘 한국 사람의 머리와 달라요. 잘 보고 설명해 보세요.

3) 전통 혼례를 할 때, 무슨 음식을 함께 나눠 먹어요?

4) 결혼식은 얼마 동안 해요?

5) 전통 혼례 후에 무엇을 해요?

▶▶ 다녀 와서

1) 언제 전통 혼례 공연에 갔어요?

2) 누구와 함께 전통 혼례 공연에 갔어요?

3) 무엇이 가장 재미있었는지 2가지만 써 보세요.

4) 한국어로 어떻게 축하해 주었어요?

3. 고인의 명복을 빕니다.

문상을 가요

한국 사람들은 장례식을 보통 3일 정도 합니다. 발인하기 전에 가서 고인의 명복을 빌고 가족들을 위로해 보세요. 가족들에게 힘이 될 것입니다.

장례식

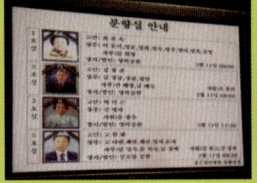   

위치 :

시간 :

돌아가신 분 :

함께 체험해요!

▶▶ **가기 전에**

1) 누가 돌아가셨어요?

2) 장례식장이 어디에 있어요?

3) 어떻게 가요?

▶▶ **장례식에서**

1) 문상을 어떻게 했어요?

2) 가족들을 어떻게 위로했어요?

3) 장례식장에 얼마 동안 있었어요?

4) 여러분 나라의 장례식과 다른 것을 3가지만 써 보세요.

▶▶ **다녀 와서**

1) 언제 갔어요?

2) 누구와 함께 갔어요?

3) 무엇이 기억에 남는지 2가지만 써 보세요.

4) 한국어로 무슨 이야기를 했어요?

4. 잘 가르쳐 주셔서 감사합니다.

삼일절과 광복절을 알아요

독립기념관은 1987년에 한국 사람들이 돈을 모아서 만든 기념관입니다. 과거부터 지금까지, 한국 역사를 모두 볼 수 있지만 특히 한국 사람들의 독립 운동을 잘 알 수 있습니다. 매년 3월 1일에 이곳에서 삼일절을 기념하는 행사가 열립니다.

독립 기념관

위치 : 충청남도 천안시 동남구 목천읍 남화리
전화번호 : 041-560-0114
홈페이지 : http://www.i815.or.kr
관람시간 : 3월 - 10월 09:30 - 18:00 / 11월 - 2월 09:30 - 17:00
　　　　　매주 월요일은 쉽니다.
입장료 : 무료

함께 체험해요!

▶▶ **가기 전에**

　1) 어디에 있어요?

　2) 어떻게 가요?

　3) 무엇을 볼 수 있어요?

▶▶ **독립 기념관에서**

　1) 한국 사람들이 독립을 위해서 무엇을 했는지 3가지만 찾아 보세요.

　2) 유관순은 한국의 독립 운동의 역사에서 아주 유명한 사람인데 어떤 사람인지 찾아 보세요.

　3) 독립 기념관 입구에는 30층 높이쯤 되는 큰 탑이 있는데 이 탑의 이름이 뭐예요?

▶▶ **다녀 와서**

    1) 언제 갔어요?

    2) 누구와 함께 갔어요?

    3) 무엇이 기억에 남는지 2가지만 써 보세요.

    4) 한국어로 무슨 이야기를 했어요?

5. 새해 복 많이 받으세요.

한국의 명절을 함께 해요

추석과 설날에 한국 사람들은 대부분 고향에 갑니다. 명절에 가족이 모두 모이기 때문입니다. 여러분도 한국 친구와 함께 한국 친구의 고향에 가 보세요. 명절에 무엇을 하는지 알 수 있고, 명절에 먹는 특별한 한국 음식을 먹을 수 있습니다. 한국 사람들이 명절에 살이 찌는 이유도 알 수 있겠네요!

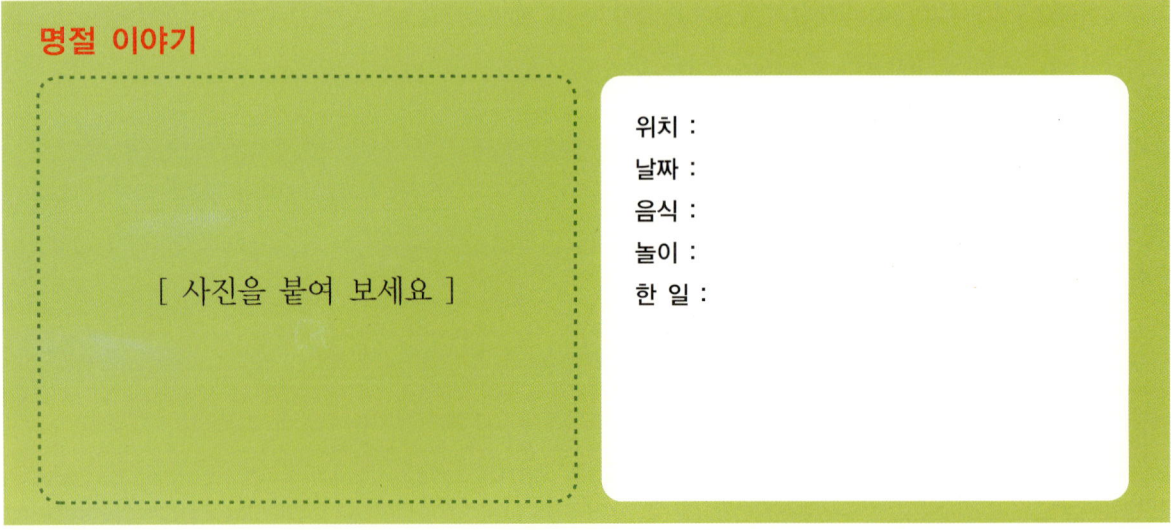

명절 이야기

[사진을 붙여 보세요]

위치 :

날짜 :

음식 :

놀이 :

한 일 :

함께 체험해요!

▶▶ **가기 전에**

    1) 무슨 명절이에요?

2) 어디에 갈 거예요?

3) 그곳에 어떻게 가요?

▶▶ **명절을 보내면서**

1) 무엇을 했는지 2가지만 이야기해 보세요.

2) 무슨 음식을 먹었는지 3가지만 이야기해 보세요.

3) 명절에 함께 모인 사람들은 누구예요?

4) 명절에 모인 사람들이 서로 어떤 이야기를 했는지 잘 듣고 2가지만 쓰세요.

▶▶ **다녀 와서**

1) 언제 갔어요?

2) 누구와 함께 갔어요?

3) 얼마나 있었어요?

4) 무엇이 가장 재미있었는지 2가지만 써 보세요.

5) 한국어로 무슨 이야기를 했어요?

명절 체험하기

명절에 한국 친구의 집에 갈 수 없으면 한국 민속촌에서 명절에 하는 일을 체험할 수 있습니다. 또 명절에는 서울에 있는 궁궐에 무료로 들어갈 수 있으니까 궁궐에 가 보는 것도 좋습니다.

한국 민속촌

위치 : 경기도 용인시 기흥읍 보라리

전화번호 : 031-288-0000

홈페이지 : www.koreanfolk.co.kr

관람시간 : 3월 - 10월 09:00 - 19:00
          11월 - 2월 09:00 - 17:00

입장료 : 어른 11,000원 / 청소년 8,000원 / 어린이 7,000원

자유이용권 : 어른 16,000원 / 청소년 14,000원 / 어린이 13,000원

전통 민속관, 세계 민속관 : 우리나라의 전통 풍속과 세계의 풍속을 전시해 놓았습니다. 자유이용권을 사지 않으면 따로 입장료를 내야 합니다.(각각 어른 3,000원, 청소년 2,500원, 어린이 2,000원)

전통 공연 : 매일 정해진 시간에 농악, 널뛰기, 줄타기, 전통혼례를 볼 수 있습니다.

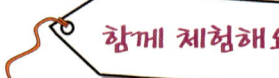

▶▶ 가기 전에

1) 어디에 있어요?

2) 어떻게 가요?

3) 무엇을 볼 수 있어요?

▶▶ 한국 민속촌에서

1) 어떤 종류의 집이 있고 그 집에 무엇이 있는지 이야기해 보세요.

2) 관가에 가면 십자가 모양(†)의 나무가 있는데 이것은 무엇이에요?

3) 무슨 전통 놀이를 했어요?

4) 무슨 음식을 팔고 있어요?

▶▶ 다녀 와서

1) 언제 갔어요?

2) 누구와 함께 갔어요?

3) 무엇이 재미있었는지 2가지만 써 보세요.

4) 한국어로 무슨 이야기를 했어요?

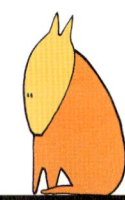

PART 2
시간이 있으면 무엇을 해요?

6. 좀 깎아 주세요.

시장에 가요

남대문 시장은 600년 이상의 역사를 가진 아주 오래된 시장으로 서울의 4대문인 숭례문(남대문) 근처에 있습니다. 옷, 액세서리, 수입품, 음식, 잡화, 공예품 등 없는 것이 없습니다. 안경과 전자기기만 파는 건물도 따로 있습니다. 남대문 시장은 문을 닫는 시간이 없습니다. 무엇을 사고 싶어요? 남대문 시장에 있어요!

남대문 시장

위치 : 서울시 중구 남창동 49
전화번호 : 02-753-2805
홈페이지 : www.indm.net

함께 체험해요!

▶▶ **가기 전에**

1) 어디에 있어요?
2) 어떻게 가요?
3) 무엇을 사고 싶어요?

▶▶ **남대문 시장에서**

1) 남대문 시장에는 무엇을 팔고 있어요?

2) 무엇을 샀어요? 얼마예요?

3) 물건을 살 때 가격을 조금 깎았어요? 어떻게 이야기 했어요?

4) 남대문 시장에서 물건을 파는 사람들은 물건을 팔기 위해 큰 소리로 이야기하는데 무슨 이야기를 하는지 잘 듣고 2가지만 써 보세요.

▶▶ **다녀 와서**

1) 언제 갔어요?

2) 누구와 함께 갔어요?

3) 무엇이 재미있었는지 2가지만 써 보세요.

4) 한국어로 무슨 이야기를 했어요?

7. 미리 예약하셨습니까?

공연을 보러 가요

대학로에는 작은 공연장인 소극장이 많이 있습니다. 그리고 예쁜 카페와 식당도 많습니다. 마로니에 공원에서는 언제나 크고 작은 거리 공연을 하고 있습니다. 인터넷에서 미리 보고 싶은 공연을 고르거나 대학로 벽에 붙어있는 공연 포스터를 보고 골라 보고, 예쁜 카페에서 차도 마시고, 거리 공연도 즐겨 보세요.

대학로

위치 : 서울시 종로구 동숭동

소극장 : 동숭 아트 센터, 컬트홀, 문예진흥원 예술 극장, 아트홀 스타시티, 드림 씨어터, 라이브1 등

공연 종류 : 뮤지컬, 연극, 개그 콘서트 등

함께 체험해요!

▶▶ **가기 전에**

1) 대학로는 어디에 있어요?

2) 어떻게 가요?

3) 무엇을 하고 싶어요?

▶▶ **대학로에서**

1) 무슨 공연을 봤어요?

2) 공연이 어땠어요?

2) 표를 어떻게 샀어요?

3) 마로니에 공원에서 무슨 거리 공연을 하고 있었어요?

▶▶ **다녀 와서**

1) 언제 갔어요?

2) 누구와 함께 갔어요?

3) 무엇이 재미있었는지 2가지만 써 보세요.

4) 한국어로 무슨 이야기를 했어요?

8. 불고기 양념을 해서 볶아요.

한국 음식을 요리해요

하고 싶은 한국 음식의 요리법을 찾아서 직접 해 보세요.

[사진을 붙여 보세요]

오늘 한 한국 음식 :

요리법 :

재료 :

도구 :

먹는 방법 :

맛 :

해 보고 싶은 다른 음식 :

함께 체험해요!

▶▶ **요리를 하기 전에**

1) 무슨 음식을 할 거예요?

2) 왜 그 음식을 골랐어요?

3) 요리법을 어떻게 알았어요?

▶▶ **요리를 하면서**

1) 무슨 재료가 필요해요?

2) 무슨 요리 도구를 사용해요?

3) 요리법을 설명해 보세요.

4) 시간이 얼마나 걸렸어요?

▶▶ **요리를 마치고**

1) 언제 한국 음식을 요리했어요?

2) 누구와 함께 요리했어요?

3) 어디에서 요리했어요?

4) 맛이 어때요?

5) 무엇이 기억에 남는지 2가지만 이야기해 보세요.

한국 요리를 배워요

한국 전통 음식 연구소는 한국 전통 음식을 연구하는 곳입니다. 이 연구소에 외국인을 위한 체험 프로그램이 있는데, 박물관에서 음식 문화와 상차림을 체험하고 한복을 입고 전통 음식을 만들어 볼 수 있습니다. 미리 신청해야 합니다.

한국 전통 음식 연구소

위치 : 서울시 종로구 와룡동 164-2

전화번호 : 02-741-0258

홈페이지 : www.kfr.or.kr

체험 시간 : 월-토 14 : 00 - 17 : 00(최소 20명이 있어야 합니다)

프로그램 내용 :

1) 박물관 투어 : 떡·한과, 부엌 살림 박물관을 가이드와 함께 관람합니다. 40분 정도 걸립니다.

2) 한복입기 체험 : 한국 전통 한복을 입어볼 수 있습니다. 20분 정도 소요됩니다.

3) 전통 음식 만들기 : 골동반과 표고전, 맥적과 생마전, 불고기와 빈대떡, 오자죽과 전복찜, 궁중 떡볶이와 해삼전 중 한 가지를 직접 만들어 보고 함께 먹습니다.

4) 특별 프로그램 : 1-3의 기본 프로그램 외에도 임금님이 드시는 음식인 궁중 수랏상 체험이나 떡·한과 만들기, 김치 만들기 체험 등이 있습니다.

프로그램 참가 비용 : 1인당 70,000원

함께 체험해요!

▶▶ **요리를 배우기 전에**

1) 어디에 있어요?

2) 어떻게 가요?

3) 무슨 음식을 요리할 거예요?

▶▶ **요리를 하면서**

1) 무슨 한국 음식을 만들었어요?

2) 무슨 재료를 사용했어요?

3) 무슨 요리 도구를 사용했어요?

4) 친구들에게 요리 방법을 설명해 보세요.

5) 요리하는 데 시간이 얼마나 걸렸어요?

▶▶ **요리를 마치고**

1) 언제 한국 음식을 요리했어요?

2) 누구와 함께 요리했어요?

3) 맛이 어때요?

4) 무엇이 기억에 남는지 2가지만 이야기해 보세요.

5) 한국어로 무슨 이야기를 했어요?

9. 야구장에 가기로 했어요.

함께 운동할까요?

한국 사람들이 많이 하는 운동은, 등산하기, 태권도, 검도, 수영, 헬스, 인라인이나 자전거 타기, 축구, 족구 등입니다. 한국 사람들과 함께 한국에서 운동해 보세요.

내가 한 운동

[사진을 붙여 보세요]

운동 :	
장소 :	
시간 :	
장점 :	
복장 :	

함께 체험해요!

▶▶ 운동하기 전에

1) 무슨 운동을 할 거예요?

2) 어디에서 해요?

3) 얼마나 할 거예요?

▶▶ 운동을 하면서

1) 무슨 운동을 해요?

2) 왜 그 운동이 하고 싶었어요?

3) 그 운동을 하는 한국 사람들은 남자가 많아요? 여자가 많아요?

4) 그 운동을 할 때 사람들이 하는 말을 잘 듣고 3가지만 써 보세요.

▶▶ 운동하고 나서

1) 언제 운동을 했어요?

2) 누구와 함께 운동했어요?

3) 무엇이 좋았는지 2가지만 써 보세요.

4) 한국어로 무슨 이야기를 했어요?

응원하러 가요

붉은 악마를 알아요? 한국 축구 응원팀으로 유명합니다. 한국 사람들과 함께 응원해 보세요. 운동 경기도 재미있지만 한국 사람들과 함께 하는 응원도 재미있을 것입니다.

내가 본 운동

[사진을 붙여 보세요]

운동 :
장소 :
시간 :
전화번호 :
홈페이지 :
시즌 :
경기 시간 :
입장료 :

함께 체험해요!

▶▶ **가기 전에**

1) 무슨 운동 경기를 보러 갈 거예요?

2) 어디에서 해요?

3) 어떻게 가요?

▶▶ **운동 경기장에서**

1) 어느 팀을 응원했어요?

2) 재미있는 응원을 2가지만 이야기해 주세요.

3) 경기 결과는 어땠어요?

▶▶ **다녀 와서**

1) 언제 갔어요?

2) 누구와 함께 갔어요?

3) 무엇이 재미있었는지 2가지만 써 보세요.

4) 한국어로 무슨 이야기를 했어요?

PART 3
여행을 떠나요

10. 단풍으로 아주 유명해.

설악산에 가요

설악산은 강원도에 있는 높고 큰 산으로 아름답기로 유명합니다. 속초와 고성, 양양 쪽의 설악산을 '외설악'이라고 하고 인제 쪽을 '내설악', 한계령과 오색 쪽을 '남설악'이라고 합니다. 외설악은 바위와 절벽이 많아서 남성적이라고 하고 계곡이 많고 비교적 부드러운 모양을 가진 내설악은 여성적이라고 합니다. 등산하기 어려우면 케이블카를 타고 올라가도 됩니다.

설악산 국립 공원

위치 : 강원도 속초시 설악로 713
전화번호 : 033-636-7700
홈페이지 : seorak.knps.or.kr
입장료 : 무료

함께 체험해요!

▶▶ 가기 전에

1) 설악산이 어디에 있어요?

2) 어떻게 가요?

3) 얼마나 오래 있을 거예요?

▶▶ 설악산에서

1) 설악산 흔들바위, 울산 바위, 대청봉 중에서 어디까지 올라갔어요? 시간은 얼마나 걸렸어요?

2) 설악산에 있는 예쁜 꽃이나 멋진 나무의 이름을 한국 사람들에게 물어보고 3가지만 써 보세요.

3) 설악산을 등산하는 동안 무엇을 먹었는지 이야기해 보세요.

4) 한국 사람들은 등산을 할 때 산에서 외치는 소리를 듣고 여러분도 한번 외쳐보세요. 뭐라고 외쳤어요?

▶▶ 다녀 와서

1) 언제 갔어요?

2) 누구와 함께 갔어요?

3) 어디가 제일 좋았는지 2군데만 써 보세요.

4) 한국어로 무슨 이야기를 했어요?

5) 설악산 여행을 가서 설악산 주변 다른 곳에도 갔는지 이야기해 보세요.

11. 저는 제주도를 추천합니다.

제주도 여행을 가요

제주도는 한국의 남쪽에 있는 따뜻한 섬으로 한국에서 제일 큽니다. 제주도에서 가고 싶은 곳을 골라 여행 계획을 세워 보세요.

특히 우도는 제주도 동쪽에 있는 작은 섬으로 소가 누워있는 모양과 닮았다고 '우(牛:소)도'라는 이름을 가지게 되었다고 합니다. 아름다운 바다와 바닷가의 절벽과 바위들이 멋있습니다. 우도에는 낚시를 하는 사람이 많고 땅콩이 유명합니다. 4월에는 유채꽃 축제가 열리고 이때 해녀 체험과 땅콩 까기 체험 등을 할 수 있습니다. 섬 전체를 덮은 푸른 잔디가 아름다워서 영화나 드라마에 많이 나옵니다.

우도

위치 : 제주도 북제주군 우도면

전화번호 : (우도 면사무소) 064-783-0002 (배)

홈페이지 : www.jeju.com, www.iksingsing.com.ne.kr

성산포항에서 우도까지 선박료 : 어른 4,000원

어린이 1,400원

우도 순환 관광 버스 : 어른 5,000원

청소년 3,000원

어린이 2,000원

함께 체험해요!

▶▶ 가기 전에

1) 제주도에 어떻게 갈 거예요?

2) 제주도에서 어디에 가고 싶어요?

3) 제주도에서 우도에 어떻게 가요?

▶▶ 우도에서

1) 우도에 영화 〈시월애〉를 찍은 아름다운 바다가 있어요. 이 바다는 모래가 노란색이 아니라 흰색인데 어디예요? 그리고 이 바다의 모래는 왜 흰색일까요?

2) 우도에서 유명한 곳은 우도 등대가 있는 우도봉으로 세계 여러 나라의 등대를 모아 놓은 등대 공원도 있어요. 이곳에서 한국 영화를 많이 찍었는데 무슨 영화인지 찾아 보세요.

3) 우도봉 아래에 검은 모래가 있는 검멀래 해안이 있어요. 검멀래 해안에는 작은 동굴들이 많이 있는데, 이 동굴의 이름은 뭐예요?

4) 옛날 우도에서 많이 기르던 동물이 있는데 무엇이에요?

5) 성산포 항에서 가까운 곳에 유명한 관광지가 있어요. 어디예요?

▶▶ **다녀 와서**

1) 언제 갔어요?

2) 누구와 함께 갔어요?

3) 어디가 제일 좋았는지 2군데만 써 보세요.

4) 한국어로 무슨 이야기를 했어요?

정답